나는 아프리카에서
지식창업으로 성공했다

An **INFOPRENEUR** in **AFRICA**

나는 아프리카에서 지식창업으로 성공했다

초판 1쇄 2021년 12월 28일
지은이 조경진 | **펴낸이** 송영화 | **펴낸곳** 굿위즈덤 | **총괄** 임종익
등록 제 2020-000123호 | **주소** 서울시 마포구 양화로 133 서교타워 711호
전화 02) 322-7803 | **팩스** 02) 6007-1845 | **이메일** gwbooks@hanmail.net

ⓒ 조경진, 굿위즈덤 2021, *Printed in Korea*.

ISBN 979-11-91447-96-5 03320 | 값 17,500원

※ 파본은 본사나 구입하신 서점에서 교환해드립니다.
※ 이 책에 실린 모든 콘텐츠는 굿위즈덤이 저작권자와의 계약에 따라 발행한 것이므로
　 인용하시거나 참고하실 경우 반드시 본사의 허락을 받으셔야 합니다.
※ **굿위즈덤**은 당신의 상상이 현실이 되도록 돕습니다.

나는 아프리카에서
지식창업으로 성공했다

조경진 지음

굿위즈덤

벌써 이곳 아프리카 모잠비크에 온 지도 3년이 다 되어간다. 하루에도 몇 번씩 집 앞에 펼쳐진 인도양을 바라보면서 '지금 이 순간이 너무 행복하다.'라는 생각을 한다. 내가 이름도 낯선 머나먼 아프리카에서 살고 있다니…. 인생은 참 재미있다.

이곳에서는 길이 군데군데 파여 있어서 인도도 항상 조심해서 걸어야 하고, 길가의 쓰레기통엔 바닥이 없어서 쓰레기가 그대로 떨어진다. 인터넷 속도도 느려서 카카오톡으로 사진이라도 몇 장 보내려면 짧지 않은 시간을 기다려야 한다. 한국과 비교하면 여러모로 부족한 것이 많다. 하지만 그래도 나는 이곳에서 온라인 강의 비즈니스를 한다.

"엄마는 꿈이 뭐예요?"

몇 년 전 어느 날, 첫째 아이가 물었다. 한창 아이 둘을 바쁜 남편의 도움을 거의 받지 못한 채 키우고 있던 때였다. 점점 몸이 지쳐가면서 마음도 너덜너덜해져 있었다. 육아라는 일은 기간이 정해져 있는 것도 아니고 내가 하는 것이 맞는 것인지도 알 수 없었다. 회사에 가지 않고 아이들과 시간을 보낼 수 있다는 것이 행복하다가도 문득문득 내가 지금 왜 살고 있는 건가 하는 생각에 눈물이 흘렀다. 잘나가는 또래 여성들을 보면 인정하기 싫은 열등감도 들었다. 하지만 그렇다고 아이들을 다른 사람 손에 맡기고 일을 나가기도 싫었다. 그때 내가 할 수 있는 것은 그저 아이들이 둘 다 어린이집에 가면 상황이 나아지겠지 하는 생각으로 하루하루를 버티는 것이었다.

그러던 와중에 전혜성님의 책들을 읽게 되었다. 아이를 어떻게 하면 올바르게 키울 수 있을까를 고민하면서 고른 책이었는데 책장을 넘길수록 엄마인 내 삶의 목적은 무엇인지 고민하게 만들었다. 6명의 자녀를 키우면서 본인 공부도 게을리하지 않았던 그녀의 삶은 하루하루를 버틴다는 생각으로 살고 있는 나의 삶이 나태하다고 느껴지게 했다. 내 생의 목적까지는 힘들더라도 딸아이의 질문에 답할 수 있는 현재 목표를 정해야겠다고 생각했다.

다시 돌이켜보면 내 인생에서 가장 많은 성장이 있었던 시기도 아이들을 육아할 때였다. 육아를 위해 인문학, 심리학, 어학, 의학 등 가리지 않고 책을 읽었다. 그리고 나는 우울감이 들 때마다 내가 집에서 아이들을 돌보면서도 할 수 있는 일을 찾고 배웠다. 그러지 않으면 내 삶의 의미가 아무것도 없는 것 같아서 가만히 있을 수가 없었다. 누군가는 "둘 중 하나를 포기해야지, 네 욕심이야."라고 했다. 하지만 나는 방법을 찾고 싶었고 그러는 과정에서 또 많은 것을 공부하고 도전하고 실패했다.

사실 나는 특별하게 잘하는 것도 없고 작심삼일 의지박약에 귀차니스트이다. 이런 내가 온라인 비즈니스를 하면서 수익을 내기 위해서는 나에게 맞는 방법을 찾아야 했다. 나 스스로가 육아를 하면서도 포기하지 않고 일을 할 수 있도록 최대한 쉽고 빠른 방법을 찾으려고 노력했다. 또 쓸데없이 에너지를 소비하지 않을 수 있도록 여러 자동화 툴을 익혔다. 그래서 내 사업 키워드는 '더 쉽게, 더 빠르게, 더 적은 에너지로 비즈니스 하는 것'이다.

코로나로 힘든 시기이지만 그런 최근 2년 동안 온라인 시장은 엄청난 발전을 했다. 인터넷은 더 빨라졌고, 여러 자동화 플랫폼이 발전했고 더 많은 정보들을 쉽게 얻을 수 있다. 이제 시간과 공간에 구애받지 않고 새로운 일을 할 수 있게 되었다. 코로나 때문에 할 수 있는 일이 없다고? 지금이야말로 우리 같은 여성들이 능력을 발휘할 수 있는 때이다. 이 책을 읽으면 어렵지 않고 빠르게 더 적은 에너지를 사용해서 온라인 강의 비즈니스를 할 수 있다.

나는 예전부터 새로운 것에 도전하는 것을 좋아한다. 기왕 사는 인생이라면 '무엇을 하면 더 재미있고 기억에 남을까?'라는 생각을 많이 한다. 남북 이산가족 상봉장으로 아르바이트를 가서 금강산에 오르기도 하고, 유럽에 한복을 입고 여행을 떠나서 좀 더 설레는 기분을 만들고, 2019년 크리스마스에는 아이들과 함께 사자 울음소리가 들리는 세렝게티 텐트 속에서 보내기도 했다. 지루한 일상을 특별하게 바꾸는 것은 이런 소소한 이벤트들이 아닐까?

육아에 지쳤거나 반복되는 일상과 회사일로 힘겹다면 소소한 이벤트를 만들자. 내 경험이나 지식으로 남들을 도와주면서 돈도 벌고 보람도 채우는 것이다. 나는 최고의 마케팅 전문가도, 프로그래머도, 디자이너도, 유명한 강사도 아니다. 하지만 이 책에 나처럼 전문가가 아니어도 바로 시작해서 수익을 낼 수 있는 여러 정보를 담았다.

종종 육아를 하면서 지친 여성들을 발견한다. 놀이터에서, 길에서, 아파트 계단에서…. 예전의 나처럼 눈빛에 초점을 잃고 흔들리고 있음이 보인다. 그녀들에게 삶의 목표를 잡으라고 말해주고 싶다. 아무것도 할 수 없다는 생각을 하지 말고 지금 무엇을 할 수 있을까를 생각해보라고, 나처럼 아무것도 잘하는 게 없던 사람도 일과 육아 모두 잡을 수 있다고….

"스스로에 한계를 두지 마라."
– 오프라 윈프리

내가 새로운 것에 도전할 수 있도록 힘이 되어준
김원진, 채이, 서후
그리고 가족, 친구들에게 이 자리를 빌려 감사를 전한다.

CONTENTS

부록_6주 만에 수익내기 프로젝트(단계별 가이드)

PART 1

나는 아프리카에서
지식창업했다

An INFOPRENEUR in AFRICA

01

아프리카에서 우리나라의 과거를 보았다

"고철 삽니다~ 필요 없는 고철 삽니다~"

이따금씩 열린 창문 밖으로 걸걸한 톤의 외침이 들려온다.

어렸을 때 종종 "고장 난 냉장고나 세탁기 삽니다." 소리치던 고물장수 아저씨가 생각난다. 한 손에는 커다란 쇠가위를 들고 리어카를 끌고 다니면서, 필요 없는 물건을 비누나 일정량의 돈과 바꿔주셨다. 엄마가 그분을 불러서 이런저런 물건을 건네실 때면 어린 마음에 엄마가 최대한 많은 물건을 팔기를 바랐던 기억이 어렴풋이 난다. 이곳에서 리어카를 끌고 다니며 고철을 산다고 외치는 소리를 듣고 있으니 신기하면서도 정겨웠다.

남편이 아프리카 모잠비크에 발령을 받아서 어린 아이들을 포함한 온 가족이 가게 되었다는 소식을 전하면 주변 지인들은 모두 걱정 어린 위로의 말을 해주었다. 나도 처음에는 인터넷으로 검색해도 정보를 거의 찾을 수 없는 나라로 간다는 것이 걱정이 되었다. 요즘에는 대부분 나라의 경우에 인터넷 커뮤니티가 있어서 사전에 그곳에 대해서 알아보고 갈 수가 있는데 이곳은 아니라서 더 고민이 되었다. 아프리카에 대한 기사들은 대부분 '태풍으로 난민들이 발생했다.' '전염병이 돌아서 국제기구에서 사람을 파견했다.'와 같은 이야기가 대부분이었다. 아이들이 6세, 8세로 아직은 어려서 혹시나 아플 경우 의료시설은 제대로 된 곳이 있을지, 말라리아 같은 풍토병에 걸리면 어떻게 해야 할지 아이들 걱정이 먼저 되었다. 하지만 이곳에 도착해서 바라본 아프리카는 우리가 생각하는 기아 돕기 성금 모집 영상 속 모습과는 많이 달랐다.

그보다는 영화나 오래된 영상에서 보았던 우리나라의 1970~1980년대를 닮았다. 소쿠리 가득 과일이나 고구마 등을 담아 머리에 이고 다니며 파는 여성들, 삶은 계란을 들고 다니며 판매하는 아이들, 담배를 개비로도 판매하는 노점들, 길거리의 구두닦이들, 카세트를 들고 다니며 음악을 듣는 사람들, 차가 자주 막히는 길에는 신문 파는 사람들까지도 쉽게 볼 수 있다. 처음에는 그 모습들이 너무 정겨워서 과거로 타임머신을 타고 돌아온 것만 같았다.

나는 아프리카에서 지식창업으로 성공했다

길에서 흔히 볼 수 있는 과일 파는 여인들

아직도 '아프리카' 하면 더운 날씨에 옷도 제대로 걸치지 않은 사람들을 떠올리는 사람들이 많다. 그리고 혹시 야생동물들이 자주 보이냐고 묻는 사람들도 있다. 하지만 이곳은 한국보다 건조한 편이라 한여름에도 체감온도가 낮다. 몇 년 전에 뉴스에서 아프리카에서 온 사람이 대구가 아프리카보다 더 덥다고 이야기하는 것을 본 적이 있었는데 그 말이 맞았다고 우리끼리 이야기하고 웃었다. 그리고 겨울에는 온수매트를 켜고 잘 정도로 쌀쌀하다. 또 이곳에도 도심지역에는 높은 빌딩들이 있고 출퇴근 시간이면 주변 도시에서 들어오는 차량들로 인한 정체가 심할 정도로 차도 많다. 또 멋지게 차려입고 다니는 사람들이 많아서 길을 다니면

길가의 노점상 모습

서 사람들의 패션에 놀랐던 적도 많다. 이런 곳에서 사자나 코끼리 같은 야생동물들을 볼 수 있냐고? 당연히 야생동물들은 국립공원이나 보호구역 쪽으로 가야지만 볼 수 있다. 이런 아프리카의 모습들은 한국에서 많이 모르는 것 같아서 안타깝다.

아프리카의 다른 나라는 잘 모르겠지만 내가 현재 살고 있는 이곳 모잠비크의 사람들은 전반적으로 성실하고 순박하다는 점이 또 우리나라와 닮았다. 많은 사람들이 일자리가 많은 도심으로 출퇴근을 하기 위해 해도 뜨지 않은 새벽 4~5시부터 집을 나선다. 도로가 제대로 되어 있지 않은 곳이 많아서 비가 많이 오면 출근 시간만 3시간 이상이 걸리기도 한다. 그들이 이용하는 대중교통 수단은 일본, 중국 등에서 몇십 년간 사용하던 오래된 승합차로 금방이라도 멈출 것처럼 위태롭다. 하지만 이마저도 운영 간격이 일정치 않아서 15인승 차량에 20~25명까지도 타고 다닌다. 모두 자기의 자리에서 성실하게 일하고 가정으로 돌아가는 것이다. 하루가 고될 것 같지만 말을 걸어보면 무뚝뚝해 보이는 첫 모습과는 달리 밝은 웃음을 보이며 살갑게 인사를 해준다.

처음에 나는 길가의 상인들에게 과일을 사거나 할 때 내가 포르투갈어(모잠비크에서는 포르투갈어와 현지어인 샹갈라어를 사용한다.)를 잘 못하고 동양인이라서 바가지를 쓰지는 않을까 하고 신경을 곤두세웠다. 하지만 그들은 대부분 정해져 있는 가격을 이야기했고 단순한 손저울이지만 무게를 속이지도 않았다. 오히려 한국의 시장에서 장을 볼 때처럼 맛을 보라고 권하기도 하고 여러 가지를 사면 덤을 주기도 한다. 이런 모습들을 보면서 이곳 사람들에게 친근감을 갖게 되었고 믿게 되었다.

한 번은 내가 아는 지인이 늦은 시간 빗길 운전을 하다가 미끄러져서 차가 중앙 화단에 올라가는 사고가 났다. 다행히 주변에 사람이나 다른 차량이 없어서 큰 사고로 이어지지는 않았지만 앞바퀴가 화단에 걸려서 움직일 수 없는 상황이었다. 한국이었다면 보험회사에 전화해서 바로 해결할 수 있었겠지만, 이곳에서는 보험사에게 그런 빠른 서비스를 기대하기 어려울 뿐만 아니라 차를 견인하는 장비조차도 구하기 어렵다. 꼼짝 못 하는 상황에서 그분은 어떻게 해야 하나 고민하고 있었다고 한다. 그런데 그때 주변 사람들 10여 명이 당황해하는 그분에게 다가와서 차를 들어 길로 내려주어서 집으로 안전하게 돌아올 수 있었다. 이곳 사람들의 따뜻한 마음을 알 수 있었던 사건이었다.

물론 이곳에도 강도나 부패한 공무원 같은 좋지 않은 기억을 주는 사람들도 있다. 처음에 입국했을 때 세관원이 10개가 넘는 우리 캐리어들을 일일이 검사를 하겠다고 하면서 가방을 모두 열라고 했다. 이곳에서 구하지 못할 각종 조미료와 의류등 다양한 것들을 무게에 맞춰서 최대한 담아 간신히 닫아 놓은 가방들을 펼칠 생각을 하니 너무 당황스러웠다. 그때 입국을 도와주시던 현지 직원분이 여권을 전달할 때 돈을 살짝 넣어서 주셨고 우리는 바로 통과될 수 있었다. 동양에서 처음으로 오는 것 같아 보여서 바로 표적이 된 것 같다고 하며 아마 가방 검사를 해서 별다른 것이 없었더라도 쉽게 보내주지 않았을 것이라고 했다. 첫 번째로 만난 공무원이 이 정도면 얼마나 부정부패가 심할까 하는 생각이 들었다. 그뿐만 아니었다. 운전을 하고 가다 보면 괜스레 차를 세우라고 하여 이것저것 트집을 잡는 경찰들이 참 많았다. 면허증을 검사하고 안전벨트 등 여러 가지를 검사하고도 특별한 문제점이 없으면 본인이 배가 고프다며 돈을 좀 달라고 직접적으로 이야기하기도 했다. 하지만 이런 공무원과 경찰들은 이곳에서도 정부에서 집중 단속을 하고 있어서인지 점차 사라지고 있다. 또 점점 이곳에 익숙해진 한국 사람들이 그런 사람들에게 그냥 돈을 주기보다는 너희가 괜한 트집을 잡고 있다는 것이 부당하다고 어필하는 경우가 많아졌다. 한국 여권을 제시하면 쉽게 넘어가는 경우가 많아진 것도 그런 사람들을 보기 힘든 이유일 것이다.

매년 4월 7일은 이곳의 여성의 날로 국경일이다. 여성의 날이 국경일이라는 점이 신기했는데, 이는 반대로 여성들의 지위가 그만큼 남자에 비해 낮다는 것을 증명한다. 교외를 조금만 벗어나면 농사짓는 밭들을 볼 수 있다. 그런데 그곳에서 농사를 짓고 있는 사람들은 거의 여성들이다. 남자들은 돈을 벌러 외부로 나갔을 수도 있겠지만, 여성들이 어린 아이들을 업고 고된 농사일과 집안일 등을 하는 동안 삼삼오오 모여서 맥주를 마시며 놀고 있는 남자들이 많이 보이는 걸 보면 꼭 그런 것만은 아닌 것 같다. 더구나 아직까지도 일부다처제의 관습을 따르는 사람들이 있다. 이럴 경우 한 집에 함께 사는 것이 아니라 각각의 집이 있어서 남편이 함께하지 못하는 날들이 많다는 것도 여성들이 집안일과 생계를 함께 이끌어가게 되는 이유이다. 아무래도 이렇다 보니 여성들의 교육의 기회도 아직까지 상대적으로 적다. 또한 힘들게 대학까지 나오더라도 취업이 어렵다는 점도 사람들이 학업을 계속하지 못하는 이유 중 하나이다. 내가 아는 한 여성은 의대생이지만 포르투갈어 과외를 하면서 가사 도우미를 하고 싶다며 일자리를 요청했다. '이런 똑똑한 여성들이 그들의 능력을 펼칠 수 있는 때가 오면 얼마나 이 나라가 발전할 수 있을까?' 하는 생각을 많이 한다.

다양한 나라에 가본 나에게 아프리카의 모잠비크는 이렇게 낯설면서도 정겨운 곳이다. 이른 시간부터 분주히 움직이는 부지런한 사람들, 특별히 남을 속이려고 하지 않고 투박하지만 선한 웃음을 짓는 사람들에게서 나는 우리나라의 과거를 보았다.

나는 아프리카에서 지식창업으로 성공했다

02

아프리카에서 자본주의를 체감하다

어느 볕 좋은 주말에 아이들과 공원에 갔을 때였다. 어디선가 구령 소리와 박수 소리가 들려서 가보니 예닐곱 명의 아이들이 공연을 하고 있었다. 전통 복장처럼 보이는 옷을 입고 춤도 추고 덤블링도 한다. 처음에는 우리나라나 해외에서도 사람이 모이는 곳에서 종종 하는 길거리 공연 같은 것을 하는 줄 알았다. 하지만 가만 보니 그들의 무대 방향이 조금 이상했다. 사람들이 오가는 길 쪽이 아니라 잔디 위에서 다른 방향을 향하고 있었다. 알고 보니 그 아이들은 맞은편에서 하는 또래의 생일파티에서 돈을 받고 축하공연을 하고 있는 것이었다. 생일파티에 초대받은 사람들은 단 위에서 음식을 먹으며 그 공연을 즐기고 있었고, 공연하는 아이들은 풀밭에서 무대를 선보이고 있었다.

이곳에서는 아이들의 생일파티를 조금 성대하게 하는 사람들이 많다. 공원에서 생일파티 전문 업체를 불러서 음식과 테이블과 의자를 포함한 데코레이션, 아이들이 어릴 경우에는 간단한 놀이용품까지 대여해서 준비하기 때문에 흡사 야외 키즈카페인가 싶을 정도다. 또 누구든지 들어올 수 있는 공원이기 때문에 사설 경비 직원들을 고용해서 다른 사람이 파티를 방해하는 것까지 막는 경우도 있다. 이날 이 작은 공원에서는 총세 명의 생일파티가 이루어지고 있었다. 그중 한 생일파티에서 그들은 제대로 된 신발도 신지 않은 채 맨몸으로 서커스 같은 위험한 공연을 반복하는 것이었다. 내가 너무 민감한지는 모르겠지만 이 장면을 보는 순간 나는 정말 놀랐다. 생일파티에 함께하는 아이들과 그 생일파티에서 공연을 하는 같은 또래 아이들의 모습이 너무나 극명하게 대비되었기 때문이다. 그들 사이에 눈에 보이지 않는 벽이 있는 것 같았고 그들 사이에 있는 두세 개의 계단이 어린아이들의 신분을 구분하는 것 같았다.

아프리카에는 흔히들 제대로 된 물건이나 식재료가 없을 것이라고 생각한다. 물론 나라마다 또 지역마다 차이가 있지만 내가 있는 곳인 모잠비크의 수도 마푸토의 경우로 이야기하자면 Spar, Woolworths 등 대형 마트와 쇼핑몰들이 있어서 웬만한 것은 다 구할 수 있다. 다만 가공품이나 공산품의 가격이 많이 비싸고 상대적으로 품질은 한국 것만큼 좋지

생일파티에서 공연을 하는 아이들과 구경하는 아이들

않다(사실 한국 물건이 세계적으로 너무 품질이 좋다). 모잠비크는 과거 포르투갈의 지배를 받았던 곳이어서 특히나 포르투갈 사람들을 많이 볼 수 있는데 그들이 직접 물건을 수입해서 판매하는 편의점 같은 곳도 시내 곳곳에서 볼 수 있다. 오히려 유럽 쪽 제품들 중에는 우리나라에서 구하기 힘든 것들을 조금 더 저렴하게 구입할 수 있는 것들이 있을 정도이다. 하지만 물론 그곳은 대다수의 현지인이 마음 편하게 드나들 수 있는 곳은 아니다. 이들은 주로 점심으로 부드러운 바게트 같은 10MT(약 한화 200원)원짜리 빵이나, 가운데에 소시지나 튀김 등을 넣은 50MT(약 한화 1,000원)의 간단한 샌드위치를 설탕을 듬뿍 넣은 루이보스 차 한잔과 먹는다. 그런데 위에서 이야기한 마트에서 판매하는 보통 크기의 감자칩 한 봉지의 가격이 150MT(약 한화 3,000원)이다. 상황이 이렇다 보니 점심시간쯤 마트를 찾은 현지인들의 대다수는 10MT의 빵만 한아름 사가는 모습을 쉽게 볼 수 있다.

아프리카에서도 생각보다 구할 수 있는 물건들이 많다고 하면 전반적인 물가는 어떤지 궁금할 것이다. 이곳에서 나고 자라는 감자, 양파 같은 농작물, 바나나, 망고, 파파야 같은 제철 과일, 조개, 게 같은 농수산물 등은 가격이 저렴한 편이다. 하지만 그 외의 가공품들은 거의 주변국(주로 남아공)을 거쳐서 수입하는 물건들이 많아서 비싸다. 또 자동차와 집 렌트비가 비싸서 기본적인 생활비가 많이 들어간다. 새 자동차 같은 경우 한국 기준으로 두 배 정도이고, 집은 어느 정도의 보안과 에어컨, 비상발전, 물탱크 등(이곳은 수시로 정전이 되기 때문에 비상발전기 등이 필수이다.)의 시설이 갖춰진 곳에서 살 경우 최소 월 200만 원 이상(방 2개 기준)을 주어야 한다. 아래는 이곳의 물가를 대략적으로 보여주는 가격표이다.

차량주유비(가솔린, 1L)	1,300원
계란 한 판(30개)	6,000원
생수 1병(500ml)	550원
현지 맥주 1캔(2M, 330ml)	750원
수입 맥주 1캔(하이네켄, 330ml)	1,200원
요플레 4개묶음(액티비아)	15,000원
(2021년 11월 환율 기준)	

이곳의 교통경찰의 급여가 대략 12만 원 정도라고 한다. 그런데 직업을 구하지 못하고 농사를 짓거나 이것저것을 하는 사람들이 대부분이다. 운전기사 일을 하면 평균 이상의 돈을 벌 수 있지만 문제는 운전면허증을 따더라도 운전연습을 할 차가 없는 사람이 대부분이라는 것이다. 결국 이들은 운전기사 면접에서 바로 떨어진다. 돈을 벌어서 벽돌을 매달 몇 개씩 구입해서 몇 년에 걸쳐서 집을 짓기도 한다. 이곳 사람들의 생활이 대략적으로 그려지는가?

코로나가 터지기 전 나는 이곳에서 알게 된 친구와 함께 모잠비크 호텔&관광 설명회에 갔다. 모잠비크의 여러 크고 작은 호텔에서 관광자료도 주고, 행사 마지막에 추첨을 통해 무료 숙박권 등 빵빵한 경품도 준다고 해서 편한 마음으로 갔다. 그런데 나는 그날 저녁 모잠비크에 1박당 투숙비가 1,000달러가 넘는 호텔이 그렇게나 많은 것을 처음 알았다. 여러 호텔의 관계자들이 호텔 이름을 붙인 테이블에 앉아 있었는데, 허니문으로도 가본 적 없었던 가격들을 아무렇지 않게 나에게 제시했다. 가격들을 들으며 할리우드 스타들이 간다는 프라이빗 비치, 숙소들이 이런 곳이었나 보다 하는 생각이 들 정도였다. 그중의 한 호텔 관계자가 나에게 이야기했던 충격적인 말이 아직도 잊히지 않는다. 그녀는 나에게 차로 1시간 반에서 2시간이 걸리는 가까운 곳에 있는 호텔이라는 것을 강조하면서, 그 운전이 좀 피곤할 수 있으니 그냥 헬기를 타고 오라고 했다. 그냥 헬기를 타라니, 순간 내가 지금 아프리카에 있는 게 맞나 하는 생각이 들었다. 헬기를 선호하는 사람들이 많아서 공항과 이야기가 되어 있으니 미리 이야기만 하면 준비해두겠다며 미소 짓는 그녀에게 난 "그 렇군요."라고 멋쩍게 웃을 수밖에 없었다.

아프리카는 다 같이 못 먹고, 힘든 것 아니냐고? 아프리카만큼 돈을 가진 자와 아닌 자의 구분이 뚜렷하고 돈만 있으면 많은 것을 누릴 수 있는 곳도 없다. 저렴한 인건비로 인해 작은 가게를 하더라도 본인이 많은 시간 일할 필요도 없고, 대학까지 졸업한 인재들을 가사도우미로 고용하기도 쉽다. 누구나 이용할 수 있는 공원에 사설 시큐리티 직원들을 대동하고 아이 생일파티를 하는 사람들과 그 파티장 밖에서 아이들이 먹는 음식들을 바라보는 아이들 사이에서 나는 자본주의를 다시 한번 생각해보게 되었다.

나는 아프리카에서 지식창업으로 성공했다

03

왜 열심히 일하는데 부자가 될 수 없지?

출퇴근 시간이면 시커먼 먼지를 요란하게 뿜으며 달리는 챠파(Chapa
; 우리나라의 마을버스와 비슷한 개념) 안은 사람들로 빈틈이 없다. 배차
시간이 일정하지 않아서 차의 좌석수보다 훨씬 많은 수의 사람들이 최대
한 타기 때문이다. 정류장에서 동동거리며 버스를 기다리는 사람들과 사
람들을 가득 태우고 가는 차를 보고 있으니 우리나라에서 출퇴근 시간에
지하철을 이용하던 생각이 났다.

매일 아침 부랴부랴 탔던 버스, 지하철 1호선과 2호선도 모두 비슷한
분위기였다. 출퇴근 시간의 신도림역은 아직도 생각하면 끔찍할 정도이

다. 바로 아래의 내 발도 보기 힘든 상태에서 사람들에 휩쓸려서 환승을 위해 계단을 내려갈 때면 '여기서 넘어졌다가는 밟혀서 죽을지도 모르겠다.'라는 생각이 들 정도였다. 힘들게 탄 지하철 내부도 마찬가지이다. 이미 제대로 서 있기도 힘든데 문이 열릴 때마다 사람들이 더 타니 역마다 정차하는 지하철이 괜스레 야속하기도 했다. 이렇게 힘들게 출근을 해서 점심시간을 제외한 8~9시간 일한다. 어떤 사람들은 좀 더 많은 돈을 벌기 위해 주말 알바나 야간 알바를 뛰기도 한다. 투잡, 쓰리잡이라는 말이 괜히 생긴 말이 아니다.

어릴 적 나의 엄마는 집에서 우리 삼 남매를 키우면서 쉬지 않고 다양한 부업을 하셨다. 동네 아주머니 대여섯 명이 모여서 해외로 수출하는 새 옷들을 산처럼 쌓아두고 실밥을 쪽가위로 일일이 제거하는 일을 하던 모습이 아직도 눈에 선하다. 저녁때면 우리 집 앞마당은 옷에서 나온 실밥과 먼지들로 뒤덮였었다.

그뿐만 아니라 공기도 잘 통하지 않는 지하 보일러실 한구석에서 밤낮없이 미싱을 돌리는 일도 하셨던 엄마는 아직도 기관지가 좋지 않다. 그렇게 건강까지 해치면서 부모님이 모두 일을 하셨지만 우리는 부자가 되지 못했다. 현재 내가 지금 있는 아프리카나 한국이나 많은 사람들이 새벽부터 분주히 움직이고 성실히 일한다. 그런데 부자가 되기는 힘들다.

출근시간 챠파를 이용하려는 사람들(위)
차량 짐칸에 타고 이동하는 사람들을 쉽게 볼 수 있다.(아래)

  한국이나 내가 지금 있는 아프리카나 열심히 일하지만 부자가 되지 못하는 사람들 대부분의 공통적인 생각은 '열심히 일해서 돈을 저축해서 좀 더 나은 삶을 살아야지.'이다. 그래서 좀 더 열심히 일하거나 스펙을 쌓아서 연봉을 올리거나 투잡, 쓰리잡을 해서 소득을 더 올리기 위해 노력한다. 또 월급의 일정 금액을 저금하거나 저축액을 늘리기 위해 점심을 편의점에서 때우면서 아낀다. 오늘의 희생이 내일의 부로 돌아올 것이라는 생각으로 기꺼이 고생하고 절약한다. 하지만 잠시 생각해보자. 당신은 자산을 얼마나 가지고 있어야 부자라고 생각하는가? 흔히 말하는 백만장자와 비슷한 15억이라고 가정해보자. 당신의 연봉이 3,000만 원이라고 할 경우 15억을 모으려면 몇 년이 걸릴까? 물가상승률과 연봉상승률, 이자는 무시하고 간단히 계산해도 50년이다. 대략 30세에 취업을 했다면 연봉을 전혀 쓰지 않았을 경우 80세에 당신이 지금 생각하는 부자가 되는 것이다. 과연 당신이 지금과 같은 방법으로 언제쯤 모아둔 돈을 쓰면서 인생을 즐길 수 있을까?

미국의 유명한 사업 오디션 프로그램 〈샤크 탱크〉에 나오는 억만장자 사업가이자 투자자 케빈 오리어리(Kevin O'leary)는 '월급은 마약이다.'라고 했다. 그렇게 생각하게 된 이유를 그가 첫 번째 일을 하면서 느낀 점이 컸기 때문이라고 한 인터뷰에서 이야기한다. 그 일화가 매우 흥미가 있어서 짧게 소개하고자 한다.

그는 고등학교 때 아이스크림 가게에서 근무하게 되었다. 맞은편 신발가게에 그가 좋아하는 여자아이가 있어서 시작한 일이었고 일을 마치고 함께 데이트를 할 생각에 들떠 있었다. 첫 근무를 마쳤을 때 아이스크림 가게 사장은 하루 종일 일을 잘했다고 그를 칭찬했고 마지막으로 바닥의 껌들을 치워달라고 말한다. 하루 종일 적지 않은 수의 고객들이 아이스크림을 맛보기 위해 씹고 있던 껌을 바닥에 뱉곤 했다. 그래서 일을 마친 시간 가게 바닥에는 그 껌들이 많이 쌓여있었고 그것들을 치우라고 한 것이다. 그 순간 그는 맞은편 신발가게에서 보고 있는 아이에게 무릎을 꿇고 껌들을 떼고 있는 모습을 보이고 싶지 않았다. 그래서 사장에게 "저는 아이스크림을 파는 사람이지 껌을 떼는 사람이 아닙니다."라고 이야기했다. 사장은 "내가 너를 고용한 사장이고, 너는 내가 시키는 일을 해야 해."라고 했다. 그 말에 그는 단호하게 "아닌 것 같아요. 당신이 껌을 떼는 사람이 필요하다면 그것은 다른 업무입니다. 제가 껌을 떼야 했다면 저는 이 일을 하지 않았을 거예요."라고 이야기했고 케빈은 그날 그 자리에서 바로 해고되었다.

이 일화를 들으면서 순간 내가 아르바이트를 하면서, 회사에 다니면서 겪었던 여러 일이 떠올랐다. 그때의 찜찜한 기분들이 다시 떠올랐고 대부분의 경우 나는 이런 것까지 해야 하나? 하면서도 웬만한 것은 그냥 했던 것 같다. 동료나 선배들도 이미 하고 있었고 그것이 당연한 것이라는 눈빛을 보내고 있었다. 한번은 왜 이런 것까지 해야 하는지 모르겠고, 부당하다고 이야기를 했는데, "그냥 해."라는 선배의 이야기를 들었다. 위에서 이야기한 케빈의 어머니도 그의 이야기를 듣고는 "시키는 일은 했어야지."라고 이야기했다고 한다. 하지만 그는 그날의 일이 운명을 통제하지 못하는 것의 수치감을 제대로 느끼게 된, 인생에서 큰 터닝포인트가 되었다.

그는 이야기한다. "세상에는 두 종류의 사람이 있다. 가게를 소유하고 있는 사장과 바닥 껌을 떼는 사람이다. 그리고 당신은 결정을 해야 한다. 물론 고용되어서 일하는 것이 나쁘다는 의미는 전혀 아니다. 다만 머무는 것은 아주 쉽다. 누군가가 대신 위험을 감수하고 하루 종일 시키는 일만 열심히 한다면 먹고 자는 데는 문제가 없기 때문이다. 그렇기 때문에 월급은 여러분의 꿈을 잊게 만드는 마약과 같다."

"송충이는 솔잎을 먹어야지."
"돈으로 행복을 살 수는 없어."
"돈 욕심내면 패가망신한다."

이런 이야기를 우리는 은연중에 많이 들었다. 장래희망으로 "부자가될 거예요."라고 하는 아이는 냉소적인 비웃음을 받기도 한다. 하지만 위와 같이 이야기하는 사람들은 그들 스스로 나는 부자가 될 수 없다고 한계를 두고 있는 것이다. 엠제이 드마코의 책 『부의 추월차선』에서는 행복의 진짜 적은 불행이 아니라 자유를 잃은 상태라고 이야기한다. 더 많은 돈을 벌기 위해 일하는 시간을 늘리는 것은 답이 될 수 없다. 그것은 자유를 위해 내 자유를 파는 것과 같다.

내가 종종 보는 프로그램 중에 KBS에서 방송하는 〈안녕하세요〉라는 고민 상담 토크쇼가 있다. 일반인들이 나와서 가족, 친구, 직장 동료 등 지인에게 하고 싶은 말, 고민 등을 공개적으로 하는 것이다. 종종 새벽부터 저녁까지 일만 하는 가장들에게 제발 가정에도, 본인의 건강에도 관심을 가지라고 하는 사연이 나온다. 하루라도 일을 쉴 수 없어서 아내의 출산을 함께하지 못한 남편, 자녀들의 입학식, 졸업식 등에 한 번도 참석 못한 부모, 한 번도 가족여행을 가본 적이 없는 가족, 몸이 아프지만 수술하고 입원해있는 시간이 아까워서 약으로만 버티며 일하는 사람들 등 모두 열심히 사는 사람들의 안타까운 사연들이다.

그런데 그곳에 출연하는 사람들에게 "왜 그렇게까지 일을 하세요?"라고 물어보면 아이러니하게도 대부분 본인을 위해서가 아니라 가족을 위해서, 좀 더 나은 삶을 살기 위해서 그렇게 열심히 일한다고 한다. 하지만 정작 그 사람들 곁의 가족들과 친구들, 또 처음 보는 방청객들도 제발 그러지 말라고 이야기한다. 가족과 특별한 날을 함께하지 못하고 버는 돈이, 내 몸을 혹사시켜서 버는 돈이 정말 가족의 행복을 가져올 것이라고 믿는 걸까? 그럼 어느 정도의 돈을 모아야 가족들과 함께 여유로운 시간을 보낼 수 있게 될지 궁금하다.

이 책을 읽는 당신은 대부분 스스로에게 '왜 열심히 일하는데 나는 부자가 될 수 없지?'라는 질문을 한 번쯤 던졌던 사람일 것이다. 그 방법을 이야기하는 이 책을 구입해서 읽는 것을 보면 말이다. 먼저 '나도 부자가 될 수 있어.'라고 본인 스스로 감싸고 있는 우물을 깨라. 주변에서 아무리 '네가 어떻게…'라며 한계를 만드는 말들을 하더라도 나도 부자가 될 수 있다는 생각을 해라. 여러분보다 인터넷도 물건을 구하는 것도 더 열악한 곳에 있는 나도 해냈다.

그리고 사업을 시작할 때는 돈을 좇아서 일을 하지 말고 자유를 위해 일을 해라. 내가 원하는 것들을 얻을 수 있는 자유, 내가 하기 싫은 일은 하지 않을 자유, 나도 처음에는 마음이 급해서 돈이 될 것 같은 일을 찾아서 시작했다. 하지만 열심히 만든 첫 번째 온라인 강의에서 0원의 수익을 냈을 때, 다시 처음부터 시작하면서 돈을 좇지 말고 가치를 나눠야 한다는 것을 깨달았다. 제대로 가치를 나누면 돈은 따라오게 되어 있다. 어떻게 가치를 나누어서 돈을 만드는지 그 방법을 이 책에 실어 두었으니 끝까지 읽고 꼭 적용해보기를 바란다. 이 책을 읽고 경제적 자유를 얻고 '왜 열심히 일하는데 부자가 될 수 없지?'가 아닌 '열심히 일했으니 나는 부자가 될 수 있어. 열심히 일을 했으니 내가 얻은 것들을 누릴 자격이 있어.' 이런 마음을 갖게 되길 바란다.

04

자유를 사기 위해 자유를 팔지 말자

"이번 휴가는 어디로 갈 거야?"

휴가를 어디로 갈까? 어떤 경험을 할까? 무엇을 먹을까? 가기 전 준비를 할 때 최고로 즐겁다. 1년 동안 회사에서 고생한 이유가 이 휴가를 위해서였던 것처럼 더 알차고 즐겁게 보내기 위해 약 한 달 전부터 만반의 준비를 한다. 이렇게 휴가를 준비하는 기간에는 야근이 생겨도 고객 컴플레인이나 상사의 꾸중이 있어도 휴가 생각을 하며 버틸 수 있다. 전에 내가 근무한 회사 직원 복지에는 전 세계에 있는 호텔 체인에 무료로 연 12박을 할 수 있는 혜택이 있었다. 그래서 각자의 휴가 일정이 나오면 같은 직원들끼리 "너는 이번에 어디로 가니?" 하고 묻고는 했다. 내가 직접 숙소를 계산해야 한다면 이용하지 않을 부담스러운 가격의 특급호텔을 무료로 이용한다는 생각에 매년 한두 번은 해외로 여행을 갔다. 출국 전 날까지 업무 스트레스에 지쳐 있다가도 여행지에 도착해서 관광을 하고, 호텔 비치체어에 누워 있을 때면 "우리 회사 너무 좋아."라는 말이 저절로 나왔다.

우리는 언제나 자유를 갈망한다. 회사에 다니면서 다음 휴가 때 자유롭게 보낼 방법을 고민하고 그 생각에 힘들지만 열심히 일한다. 하지만 여행을 다녀온 후 우리는 얼마나 자유로워졌을까? 휴가를 가기 전 필요한 것들을 사고, 도착해서 인터넷에 나온 현지 맛집들을 찾아다니고 기념품을 구입하고 면세점에 들려서 그동안 고생한 나에게 주는 선물이라며 이것저것을 구입하기도 한다. 조금 부담은 되지만, '이럴 때 플렉스(flex)하려고 내가 그동안 열심히 일한 거지.'라며 즐거움을 느낀다. 그리고 그 금액들은 카드로, 그동안 모아둔 돈으로 충당한다. 과연 여행이 준 자유로움이 다음 달 카드 결제일에도 이어질까? 잔액 0원이 찍힌 통장 잔액을 보면서도 자유가 느껴지는가? 생각보다 그 즐거움과 자유로움은 오래가지 못한다. 카드 청구서를 보며 '이제 다시 열심히 일해야겠다.'라는 생각이 든다. 회사에서 당직을 요청하거나 주말 업무를 제안하면 다음 달 카드값이 걱정되어 자발적으로 할지도 모른다. 휴가를 가기 전보다 더 답답한 족쇄가 단단히 조여지는 것 같은 느낌이 드는 것 같다. 우리는 그 달콤한 며칠의 자유를 사기 위해 일상의 자유를 팔고 있다.

우리나라에서도 유명한 책 『부의 추월차선』의 저자 엠제이 드마코는 "부를 정의하는 것은 자유이다."라고 했다. 그는 토요일과 일요일이라는 보상 때문에 영혼을 월요일부터 금요일까지 팔아넘기지 말라고 한다. 평범한 사람들은 5일간의 노예 생활을 2일간의 자유와 맞바꾸고 있다는 것이다. 노예생활이라니… 너무 심한 비유인 것 같다. 나의 생활을 노예라고 이야기하다니 기분이 나쁘다.

다음은 김도사의 『자본 없이 콘텐츠로 150억 번 1인 창업 고수의 성공 비법』에 나온 전문이다. "과거에는 노비가 있었다. 노비들은 새벽 일찍 일어나 대충 밥을 먹고 논과 밭에서 뼈가 빠지게 일했다. 다른 노비들에 비해 일을 잘하지 못하거나 결과물이 적을 경우 얻어맞거나 심한 욕지거리를 들어야 했다. 그들은 저녁 늦게야 집으로 돌아와 김치에다 식은 밥을 게 눈 감추듯 먹고 숙식하는 방에서 여러 명이 모여 새끼를 꼬아 곡식을 담을 가마니를 만들었다. 노비들은 새끼를 꼬면서 주인 양반의 험담을 하거나 욕을 하면서 스트레스를 풀었다. 마음에 드는 이웃 마을 처자에 대한 이야기를 주고받으면서 나름의 기대와 설렘을 만끽하기도 했을 것이다. 자정이 다 되어서야 그들은 잠자리에 들고 다시 새벽 일찍 일어나 논과 밭으로 일하러 나갔다."

어떤가? 인정하고 싶지 않지만 지금 우리의 삶과 묘하게 많이 닮아 있다. 노비라는 이름이 '직장인'이라는 단어로 바뀌었을 뿐이다. 아침에 일어나 대충 씻고 버스나 전철을 타고 출근을 한다. 가끔 길에서 파는 김밥이나 샌드위치를 사서 간단하게 아침을 해결하고 9시부터는 점심시간까지 일을 한다. 다른 직원들과 비교해서 성과가 나쁘거나 실수를 할 경우 상사에게 호되게 혼나기도 한다. 점심을 먹고 간단히 커피를 마시면 바로 오후 업무를 시작하고 퇴근시간까지 다시 열심히 일한다. 퇴근 후에는 동료나 친구를 만나 상사 험담을 하거나 썸 타는 이성이나 연예인 이야기를 하며 하루를 마무리하는 것까지도 닮았다. 이쯤 되면 직장인들을 현대판 노비라고 하는 것도 무리가 아니라고 생각된다.

철학자 강신주는 이러한 현실을 두고 '옛날의 노예들은 탈출이라도 꿈꿨는데, 요즘 노예들은 어떻게든 농장에 들어가려 근육만들기(스펙 쌓기)를 한다'며 개탄했다. 그럼 이 노비생활을 언제쯤 그만둘 수 있을까? 더 열심히 일을 하고 돈을 저축하면 노비생활이 끝날 수 있을까? 아니면 정말 좋은 대통령을 뽑아서 사회를 완전히 바꾸면? 정말 다행인 것은 과거와 다르게 우리 스스로 노비생활을 끝내고 자유로워질 방법이 있다는 것이다.

『타이탄의 도구들』의 저자로 유명한 팀 페리스의 새로운 책 『나는 4시간만 일한다』가 우리나라에 출판되었을 때 하루에 4시간만 일하고 많은 돈을 번다는 이야기에 사람들이 신기해하고 부러워했다. '백만장자처럼 살기 위해 노예처럼 일할 필요가 없다.'라고 이야기하는 그 방법을 알고 싶어서 많은 사람들이 책을 구입했다. 그리고 표지에서 이야기한 '일하는 시간 4시간'이라는 것은 사실 일주일에 일하는 시간이었다는 것을 책을 읽으면서 알게 된 사람들은 아이러니하게도 대부분 배신감을 느낀다. '이게 가능해?', '미국이니까 가능하지.', '말이 쉽지.' 등등 부정적인 생각을 가지고 시도조차 하지 않는다.

　나도 처음에는 같은 마음이었다. 하지만 지식창업을 결심하고 열심히 준비를 하고 마침내 수익화가 이루어지니 정말 주 4시간으로도 내가 전에 받던 월급의 몇 배의 금액을 벌 수 있었다. 대부분의 사람들은 방법이 있다고 알려주는 사람들에게 오히려 사기꾼이라고 하며(물론 사기꾼도 있다.) 현실에서 벗어나려는 시도를 하지 않는다. 사실 주 4시간은 회사를 그만두지 않아도 주말에 낼 수 있는 시간이다. 아침에 조금씩 일찍 일어나거나, 조금 늦게 잠에 들거나, 퇴근 후 무의식중에 보는 TV나 유튜브를 보지 않거나. 심지어 점심 시간에도 30분씩 시간을 낸다면 가능한 시간이다. 자유를 열망한다면 충분히 도전할 수 있다는 이야기다.

　그래서 나는 6주 동안 꾸준히 일주일에 4시간을 들이면 수익을 낼 수 있는 챌린지 프로그램을 만들었다. 6주 동안 온라인 강의를 런칭하는 것을 빠르게 경험해보는 과정이다. '설마 6주 만에 그게 가능하겠어?'라고 생각했던 사람들이 단돈 만 원이라도 직접 수입을 내면 '이게 정말 가능하구나!'로 바뀐다. 이 책을 읽는 당신을 위해 온라인 챌린지에 참여하지 않아도 혼자 할 수 있는 블루프린트를 이 책의 마지막 장에 첨부해 두었으니 끝까지 책을 읽어주기를 바란다.

내 지인은 일주일에 50시간 이상을 회사에서 일한다. 근무 시간은 정해져 있지만 정시에 퇴근하는 일은 거의 없다. 맡은 업무의 책임감 때문에, 능력을 보여줄 기회이기 때문에, 성과급이 걸린 프로젝트이기 때문에 등 그녀가 평일뿐만 아니라 주말에도 기꺼이 나가서 일하는 이유는 많다. 회사에서의 업무만으로도 너무 힘들기 때문에 모처럼의 휴일에도 대부분의 시간은 집에서 휴식을 취한다. 다음날 출근을 대비하기 위해서다. 그녀도 물론 운동도 꾸준히 하고 싶고, 해외여행도 가고 싶다. 하지만 회사 일이 먼저이기 때문에 규칙적으로 시간 내거나 장기 휴가를 신청하는 것이 쉽지 않다. 회사에서 그녀의 능력를 인정받아 초고속으로 승진을 했고, 호수가 있는 공원이 보이는 멋진 오피스텔에 산다. 경제적으로도 어느 정도 자유로운 그녀는 일명 골드미스이다. 그녀와 종종 만나 이야기를 나눌 때면 집에서 아이들을 양육하다 경력단절이 된 나와 달리, 회사가 그녀의 능력을 인정해주는 것 같아서 부러웠다. 그리고 그녀의 경제력이 부러웠다.

그 당시 나는 '내가 그 회사에 다녔다면 나도 그녀처럼 초고속 승진을 했을까?'라고 나 스스로에게 진지하게 물었다. 그리고 나의 대답은 '글쎄…'였다. 그녀처럼 회사 일에 집중해서 토요일도 공휴일도 없이 회사에 나가 일을 할 수 있을까?에 대한 대답도 '별로 그러고 싶지 않다'는 것이었다. 그리고 지금 생각해도 내 대답은 같다. 그녀는 초고속 승진을 해서 또래보다 연봉이 높은 편이다. 하지만 그녀가 회사에 쓰는 시간으로 그 금액을 나눈다면 상대적으로 낮아질 것이다. 그녀는 몸이 아프거나 급하게 은행 업무를 해야 할 경우에도 회사에 쉽게 휴가를 신청하지 못한다. 본인이 이사 갈 집을 계약하할 때도 시간을 빼지 못해서 그녀의 어머니의 도움을 받을 정도이다. 얼마 전에도 그녀는 곧 승진 기회가 있다며 바빠질 테니 연락을 자주 못해도 이해해달라고 이야기했다.

물론 그녀가 회사에서 업무를 하며 배우는 것이 많은 것도 사실이다. 그녀는 집에서 육아만 했던 나보다 세상이 돌아가는 상황을 잘볼 줄 아는 눈을 가지고 있고, 팀원들을 이끌고 새로운 프로젝트를 성공시키는 능력도 있다. 그리고 제일 중요한 부분은 본인 스스로 자신의 일에 만족을 하고 있다는 것이다. 나는 모든 사람이 창업을 해야 한다고 이야기하고 싶은 것은 아니다. 오히려 기업가 정신이 부족한 사람이 맞지 않는 사업을 하겠다고 무턱대고 덤비는 것보다는 자기 자리에서 만족할 만한 삶을 사는 것이 나은 경우도 많다. 다만 열심히 사는 중간에 내 삶이 답답하다고 느껴진다면 주 4시간을 투자해서 자유를 찾는 도전을 해보자.

아프리카에서 4차 산업혁명 시대를 걱정하다

이곳 아프리카 모잠비크에 도착한지 6개월이 넘어가자 웬만한 적응이 끝났다. 영어도 포르투갈어도 못해서 학교 가기 싫다던 아이들도 학교에 적응해서 문제없이 잘 다니고, 점점 따뜻해지는 날씨도 좋았다. 이곳에 도착한 초반에 나는 그 당시 유행하던 여행 유튜버를 해보겠다고 영상을 찍고 편집도 했었다. 그런데 이곳의 인터넷이 열악해서 업로드 속도가 매우 느렸고, 6분 이상의 동영상은 아예 올라가지 않는 것을 보고 그만두었다. 한국과 비교하여 내가 할 수 없는 것들을 생각하며 불편하다고 느끼기보다는 이곳은 원래 이런 곳이라고 생각하며 어느 정도 마음을 내려놓게 되었다.

그동안 한국에서 나름 바쁘게 살았으니 이곳에서는 자연을 즐기며 아날로그적인 삶에 순응하며 지내다가 가야겠다고 결심하고 지내던 어느 날 이지성 작가의 『에이트』를 읽게 되었다. 몇 년 전부터 미래학자들이 TV에 나와서 4차 산업 혁명 이후에는 제조업뿐만 아니라 의사, 약사, 판사 등 대부분의 직업이 로봇으로 대체될 것이라는 이야기가 나왔었다. 여러모로 궁금했던 그 내용이 책에 담겨 있다고 해서 바로 e-book으로 구매를 했다. 생각보다 책의 내용은 심각했다. 내가 그 책에서 제일 놀랐던 것은 미래 인류 사회는 '인공지능에게 지시를 내리는 계급'과 '인공지능의 지시를 받는 계급'으로 나뉜다는 것이었다.

AI가 인간의 노동력을 대체하면서 일부 학자들은 AI 시대에는 불안정한 노동자 소위 프레카리아트(Precariat) 시대가 형성될 것이라고 이야기한다. 서울대 건설환경공학부의 유기윤 교수는 AI를 포함한 디지털 기술이 우리 사회에 많은 변화를 낳고 있는데 그중에 불평등 계급의 문제에 대해서 이야기한다. 윤기윤 교수는 새로운 계급이 나온다기보다는 계급 간에 파워, 경제력, 영향력 등에서 커다란 변화가 있을 것이고 각각 시장 참여하는 비율이 달라질 것이라고 예상한다. 결과적으로 2090년 미래에는 아래와 같은 네 계급으로 나뉘게 된다는 것이다.

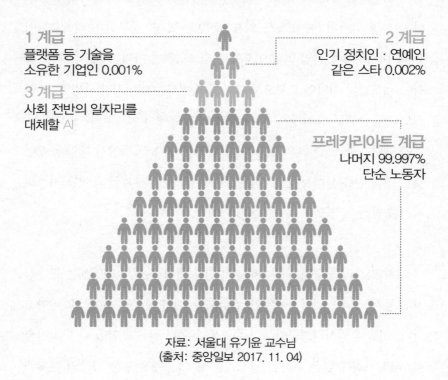

2090년 미래 계급 전망

1 계급
플랫폼 등 기술을
소유한 기업인 0.001%

2 계급
인기 정치인 · 연예인
같은 스타 0.002%

3 계급
사회 전반의 일자리를
대체할 AI

프레카리아트 계급
나머지 99.997%
단순 노동자

자료: 서울대 유기윤 교수님
(출처: 중앙일보 2017. 11. 04)

제1계급은 구글, 애플, 아마존, 페이스북 등 플랫폼을 가진 사람들의
의미한다. 제2계급은 제1계급이 소유한 플랫폼 안에서 스타가 된 사람들
이다. 제3계급은 인간이 아닌 법인격을 갖춘 AI이고, 마지막은 프레카리
아트 계급으로 인간 전체의 99.997%가 속하게 된다. 나는 이 미래 계급
에 대한 이야기를 듣고 크게 2가지 측면에서 공포심을 느꼈다.

첫 번째는 대부분의 인간이 AI의 지배를 받는다는 점이다. 사람이 기계의 지배를 받는다니 생각만으로도 끔찍했다. 프레카리아트는 저임금, 저숙련 노동에 시달리는 불안정 노동 무산계급을 뜻한다.(위키백과) 예일대학교 로버트 실러교수는 미래에는 인공지능에게 대체된 수십억 명의 인류가 전 지구적인 빈민촌을

〈더 뉴요커〉 표지, 2017. 10. 23.

형성하며 살 것이라고 한다. 2017년 10월 23일자 〈더 뉴요커〉에는 그 모습이 그림으로 표현되어 표지에 실렸다. 그림 속에는 분주히 도시의 삶을 살고 있는 AI로봇들 사이로 구걸하는 사람의 모습이 대조적으로 그려져 있는데, 그 모습이 참 충격적이다.

내가 미래 계급에 대해 두 번째로 공포심을 느낀 부분은 프레카리아트 계층의 특징 부분이다. 영국 런던대학교 가이 스탠딩 교수는 프레카리아트 계층에게는 다음 3가지 특징이 있다고 한다.

-꿈과 열정이 없다.

-내가 하는 일의 가치를 깨닫지 못한다.

-먹고사는 문제로 평생 고통받는다.

이 특징들은 나를 포함한 현대 사회를 살고 있는 사람들의 모습과 크게 다르지 않다. 내가 하는 일의 가치를 깨닫지 못하고 회사와 집을 오가는 꿈과 열정을 잊은 사람들. 열심히 일하지만 항상 먹고사는 문제로 고통받는 사람들. 아프리카에서 지낼 몇 년을 그냥 속세를 떠난 사람처럼 보내야겠다고 생각했던 나에게 '너 그렇게 살다가 AI의 노예가 될 수 있어.'라고 이야기하는 것 같았다.

카이스트 바이오 및 뇌공학과 정재승 교수는 4차산업혁명을 아래와 같이 정의했다.

'아톰세계(Atom; 현실세계)에서 벌어진 현상들을 사물인터넷(IOT, Internet of Things)을 통해 데이터화해서 온라인상에 가상세계를 똑같이 만들어서 비트세계(디지털)와 아톰세계(현실)가 일치하는 세상을 만드는 것이다.'

그동안은 테크놀로지의 발전으로 좀 더 일을 수월하게 할 수 있었고,

수입을 늘릴 수 있었다. 또 미국의 고용률 변화 통계를 보면 제조업의 일자리 수는 줄었지만 서비스직의 일자리가 늘어나서 전체 일자리 수가 늘었다. 하지만 문제는 지금부터다. 인공지능, 빅데이터, 스마트 기술들이 그 많은 서비스 관련 일자리를 대체하게 될 것이다. 그렇다면 그 서비스업을 하던 사람들은 어디로 가야 할까.

은행을 예로 들어서 생각해보자. 예전에 은행은 모두 수기로 이루어졌다. 돈을 입금하면 창구에 있는 은행원이 그 금액을 수기로 통장에 적어주었다. 대출금을 부분 상환하려면 이자율을 날짜 수에 맞춰서 계산기로 계산해서 알려줬다. 테크놀로지가 발전하자 통장 장기, 이자 계산 등은 모두 컴퓨터가 알아서 해주어서 은행원들의 업무가 수월해졌다. 돈도 기계로 세고 동전 분류 및 묶음 포장까지 단 몇 초 만에 해결한다. 그런데 최근 몇 년 동안 많던 은행 지점들이 사라지고 있다. 최근 금융감독원이 발표한 '2021년 상반기 국내 은행 점포 운영현황'에 따르면 2020년 304개, 2021년 상반기 79개의 지점이 문을 닫았다. 몇 년 전부터 1층에 있던 은행들이 임대료가 저렴한 2층으로 이동하더니, 어느 순간 ATM기 숫자도 줄이고, 지점도 없애고 있는 것이다. 지점에 가지 않아도 휴대폰 앱으로 가능한 인터넷뱅킹을 이용하거나 카카오뱅크, 토스 등 핀테크 기업도 급성장했기 때문이다. 지점에서 근무하던 직원들은 다 어디로 갔을까?
은행뿐만 아니라 최근 5년간 톨게이트 무인화 시스템 도입으로 인해

수납원의 70%가 일자리를 잃었다. 인천 가천대 길병원에는 인공지능 의사 '왓슨'과 감정인식이 가능한 인공지능 로봇 '페퍼'가 근무하고 있다. 이렇게 이미 다양한 분야로 AI들이 우리의 삶에 들어와 있고 기존의 일자리들을 위협하고 있다.

처음 새로운 미래 계층도에 대한 이야기를 듣고서 나는 심적으로 바빠졌다. 그럼 이곳에서 지금 무엇을 시작해야 할까. 내가 무엇을 할 수 있을까? 가만히 있기보다는 다가오는 미래를 조금이라도 대비해야 하지 않을까? 그렇다고 내가 지금 구글, 페이스북 같은 플랫폼이나 로봇을 만들 수는 없는데, 슈퍼스타가 될 수도 없고…. 한동안 미래 관련 유튜브를 찾아보고 책을 읽으면서 시간을 보냈다. 한국에는 이미 새로운 바람이 불고 있는 것 같아서 정보를 얻기 위해 유료 강의도 신청해보았지만 인터넷 속도 때문인지 1분마다 영상이 멈추는 바람에 제대로 들을 수가 없었다. 주변에 이런 대화를 함께 대화를 나눌 사람도 없었다. 점점 앞으로 벌어지지 않은 일을 너무 걱정하지 말자라는 생각을 하게 되면서 나는 다시 서서히 일상으로 돌아가고 있었다. 그리고 중국에서 시작된 코로나19가 전 세계로 퍼지고 있다는 소식이 들렸다.

06

코로나로 인해 가능해진 것들

한국보다는 몇 달 늦게 이곳 모잠비크에도 코로나19 확진자가 나왔다. 코로나19 확진자가 나오기 시작한 초기에 이곳의 상황은 많이 불안했다. 뉴스에서 계속 위험성을 알리고 손을 닦거나 마스크를 써서 예방하라는 이야기가 흘러나왔다. 하지만 한끼 식사를 할 수 있을지 고민하는 이곳 대부분의 사람이 자비로 비싼 마스크를 사서 쓴다는 것은 거의 불가능한 일이었다. 전 세계적으로 엄청난 사망자를 낸 질병이 이 나라에서도 시작되었다는 사실만으로도 너무 불안해했다. 그리고 갑자기 동양인들에 대한 적개심이 늘어났다.

그때까지 이웃나라 남아프리카공화국이나 이곳 모잠비크의 확진자 중에 동양인은 없었다. 하지만 코로나가 중국에서부터 시작되었다는 점만으로 안 그래도 좋지 않은 감정을 갖고 있던 중국인들에게 그 두려움의 화살이 날아오기 시작한 것이다. 물론 중국인뿐만이 아니라 모든 아시아인이 불편한 상황을 맞았다. 현지 교통수단을 이용해서 다니던 일본 자이카 봉사대원들이 폭행당했다는 소식이 들렸고, 마스크를 쓰고 쇼핑몰을 돌아다니던 베트남 사람들에게 소리치는 모습도 보았다. 나도 집 앞에 나가 있다가 코로나라며 뭐라고 하는 사람들을 두 번 정도 마주쳤다.

남편 회사에서도 웬만하면 돌아다니지 말고 대형 마트에 장을 보러 가더라도 현지인을 꼭 동행해서 다니라는 주의를 줄 정도였다. 현지에 파견되어 있던 자이카, 미츠비시 등의 동양계 단체 및 회사들이 가족 철수, 전원 철수라는 결정을 내렸다. 도시 봉쇄 같은 결정이 날 경우 이곳에서 벌어질 폭동 등이 일어날 수 있다는 불안감에 아이들의 안전이 걱정되었다. 결국 곧 비행편이 모두 없어질 것이라는 이야기가 나올 때, 회사 때문에 당장 입국이 어려웠던 남편을 제외한 나와 아이들은 한국행 비행기를 탔다.

우리가 아프리카에 있던 1년이 조금 넘는 시간 동안 한국은 더 많이 발전해 있었다. 너무나도 잘 되어있는 배달 시스템 덕분에 2주의 격리 기간에 우리는 그동안 먹고 싶었던 음식들을 모두 맛볼 수 있었다. 앱으로 주문 시 결제까지 마치고, 배송 메시지에 음식은 '문 앞에 놓고 벨만 한번 누르고 가주세요.'라고 남겨 놓으면 모든 분들이 문 앞에 음식을 두고 가셨다. 나는 배달해주시는 분들이 멀리 가셨을 것 같은 몇 분 후에야 문을 열어서 음식을 가져왔는데, 음식이 걱정되셨는지 '문 앞에 놓고 가니 꼭 확인하세요.'라는 문자까지 남겨주시는 분들도 계셨다. 필요한 물건이나 식재료 등이 필요할 때는 전날 저녁 새벽배송으로 신청해두면 바로 다음 날 아침에 일어나서 물건을 들여오기만 하면 되었다. 이런 식으로 2주간 지내다 보니 외부 사람들을 하나도 만나지 않고도 생활이 가능했다.

이뿐만이 아니었다. 격리기간을 무사히 마치고 집 밖으로 나오자 코로나로 인해서 미래가 더 앞당겨졌다는 말이 실감이 났다. 1인이 운영하는 작은 카페에도 키오스크로 주문을 받고, 무인 점포들이 곳곳에 있었다. '나만 빼고 세상이 이렇게 빨리 변하고 있었네.'라는 생각에 마음이 다시 조급해졌다.

"전만 해도 관광버스를 타고 단체손님들이 와서 시장 전체가 항상 북적였어요. 그런데 코로나 이후로 하루 종일 일을 했는데 0원 매출 올리는 날도 있었고 너무 힘들었죠. 처음에는 무작정 손님을 기다리는 것 밖에 할 줄 몰랐어요." 부산 자갈치 시장에서 45년간 장사해 오신 시부모님과 함께 2대째 건어물 가게를 운영하고 있는 '자갈치건어야(상호명)'님의 말이다. 유명 강사 김미경님의 엠케이대학(MK대학)강의 중 CIO(인스타그램, SNS 강의)를 들으면서 알게 된 동기이다.

코로나로 인해 손님이 뚝 끊긴 자갈치 시장에서 거의 모든 가게가 힘들어하고 있을 때, 그녀는 새로운 도전을 했다. 인스타그램을 시작하면서 건어물을 홍보하고, 네이버 스마트스토어에서 판매를 시작한 것이다. 처음에는 어떻게 해야 할지 몰라서 그냥 판매하는 건어물 사진을 올리고, 이런저런 일상도 올렸다. 매장에서 가만히 손님을 기다리기만 하느니 뭐라도 하자는 생각으로 시작해서 인스타그램으로 건어물 먹방 라이브를 시작했다. 이것이 인기를 타면서 네이버 스마트스토어 한 달 매출 770만 원의 수익을 올리기도 했다. 처음에는 가족들을 포함한 시장의 다른 사장님들이 그저 그녀를 신기하게 생각했다고 한다.

그녀는 그것에 만족하지 않고 라이브커머스 그립(Grip; 라이브 홈쇼핑 플랫폼)에도 입점해서 첫 달 740만 원 매출을 달성했다. 현재도 꾸준히 생방송으로 건어물 판매를 하는 것은 물론이고 라이브커머스 플랫폼을 통해 물건을 판매하는 방법 강의도 하고 있다.

나이가 많아서 그런 것은 못한다고? 인터넷으로 뭘 하는 것에 익숙하지 않다고? 화면에 얼굴을 드러내기가 부끄럽다고? 언제까지 가만히 앉아서 손님이 오기만 기다리고 있을 것인가. 아직도 코로나만 끝나면 다시 예전처럼 사람들이 찾아줄 것이라고 생각하고 있는 사람도 있다. 하지만 이제 손님이 알아서 오기를 기다리면 도태된다. 이제 사회는 빠르게 변하고 있고 스스로가 그 사회에 맞게 빠르게 변화하는 사람만 살아남는다.

라이브커머스 그립(Grip)은 일반인도 사업자등록이 되어 있다면 입점해서 판매할 수 있는 홈쇼핑앱이다. 그곳에는 평생 농사를 하던 나이 지긋하신 분도 판매를 하고 있다. 비싸고 멋진 전문 장비도 필요 없이 핸드폰으로 직접 밭에서 정성스럽게 키우는 과일이나 채소 같은 농작물을 보여주고, 먹는 모습을 보여주고, 포장하는 모습을 보여준다. 현란한 멘트와 몸짓 대신 어색하게 판매하는 제품을 계속 먹으면서 "맛있다."라고만 연발하는 판매자도 있다. 정육사업을 하시는 분은 간단하게 고기 부위의 설명과 좋은 고기의 특징, 맛있게 먹는 방법 등을 설명하면서 집에서 고기를 직접 구워 먹으면서 판매를 한다.

직접 방송을 하는 것이 어렵다면 쇼호스트라고 할 수 있는 그리퍼를 신청해 대신 판매를 요청할 수도 있다. TV홈쇼핑에 입점하는 것은 너무 어렵고 비용이 많이 든다. 혹시나 입점을 했어도 판매가 잘되지 않으면 금전적 손해가 너무 크다. 하지만 그립이나 네이버라이브 등에서 직접 판매를 한다면 금전적으로도 큰 부담이 없다. 가만히 앉아서 하루 수익 0원인 것보다 라이브커머스 판매를 통해 적게라도 팔아서 수익을 조금이라도 내는 것이 낫다. 처음에는 어색하고 미숙해서 두세 개 판매로 마치더라도 제품만 좋다면 반복할수록 판매 실력도 늘고 수익도 늘어날 것이다.

한국에서 몇 달을 지낸 후 다시 모잠비크로 돌아왔다. 다행히 마푸토

도심지역에서 우리가 걱정했던 폭행, 폭동, 강도 같이 심각한 일들은 일어나지 않았다. 하지만 확진자 수가 기하급수적으로 늘면서 주위 사람들 중에 코로나에 걸렸다고 하는 소식이 종종 들렸다. 그리고 대부분은 검사를 하지 않기 때문에 원인이 코로나인지는 알 수 없지만 사망자도 늘었다. 그래도 동양인 탓을 하면서 대책 없이 불안해하는 모습은 많이 사라졌다. 생각보다 많은 수의 사람들이 마스크를 쓰고 다녔고, 손소독제를 철저히 사용했다. 또 해충들이 좋아하지 않는 냄새를 가진 나뭇가지를 집 입구에 걸어 두거나 코로나 예방이나 치료에 좋다고 하는 차를 마시기도 하며 나름의 방법을 찾아 예방을 하며 조심하고 있었다.

그 외에도 많은 변화들이 이곳에도 있었다. 시행 초기 단계였던 음식 배달앱이 잘 사용되고 있을 뿐만 아니라 식료품을 포함한 생필품을 구입할 수 있는 앱들도 여러 개 생겼다. 배달을 따로 하지 않았던 식당들도 전화나 왓츠앱(what's app; 카카오톡 같은 메시징 앱)을 통해서 주문을 받고 집 앞까지 배달하는 서비스를 하고 있었다.

또 크게 달라진 점은 인터넷이었다. 기존에는 한국에 있는 가족이나 친구들에게 카카오톡으로 사진이라도 몇 개 보내려면 몇 분씩 소요되고 그마저도 안 가는 경우가 많았다. 내가 여행 유튜버를 하려다가 포기한 것도 인터넷 속도 때문이었다. 그런데 이곳도 학교 수업이 온라인으로 바뀌면서 인터넷 속도의 비약적인 발전이 있었던 것 같다. 예전에 비해 사진을 보내는 속도가 두 배 이상 빨라졌다. 약간의 멈춤은 있지만

Zoom이나 구글 클래스 등의 사용도 원활했다. 이제 한 시간이 넘는 온라인 강의도 사이트에 올릴 수 있다. 내가 아프리카에서도 온라인 강의를 하는 지식창업이 가능했던 이유이다. 나보다 더 빠른 인터넷 속도, 도움을 받을 수 있는 능력 많은 사람들, 품질 좋은 유용한 도구 등이 많은 한국에 있는 당신은 방법만 제대로 알면 나보다 더 빨리 성공할 수 있다.

어릴 적 만화에서 주인공이 집에서 모니터 속 그림을 터치하면 그 물건이 순식간에 집으로 배달되는 장면을 보았던 기억이 있다. 그 당시 나는 '어떻게 물건이 집으로 오는 거지? 집까지 컨베이어 벨트라도 연결된 것일까? 순간 이동하는 장치가 있는 것일까?'하며 궁금해했다. 그 만화의 제목이나 주인공 얼굴 등은 전혀 기억나지 않지만 그 장면만은 아직도 선명한 것을 보면 당시 그 장면이 많이 놀라웠던 것 같다. 그런데 지금 한국 택배나 배달 시스템과 속도를 생각하면 그 만화 속 일들이 어느 정도 현실에서 이루어지고 있는 듯하다. 많은 사람들이 문명과 거리가 멀 것이라고 생각하는 아프리카에도 터치로 물건이 배달되는 시대이다. 그동안 기존의 방식을 고수하고 있었던 사람들도 코로나 때문이라도 어서 방법을 바꾸라고 이야기하는 것 같다. 아직도 새로운 도전에 망설이고 있는가? 아무것도 하지 않으면 아무 일도 일어나지 않는다. 준비된 자에게만 기회가 온다는 것을 명심하자.

07

나는 아프리카에서 지식창업했다

회사에 다닐 때 나는 일에 대한 욕심이 있었다. 승진 시기가 오는 것을 의식해서 결혼 후 몇 년간 자녀 계획을 미룰 정도였다. 첫째를 출산하고 육아 휴직으로 쉬고 있을 때에도 휴가 마지막 두 달 동안에는 복직했을 때 동기, 후배들과 비교해서 경쟁력 있을 자격증을 따기 위해 왕복 4시간 거리로 교육을 받으러 다녔다. 그렇게 첫째를 낳고 당연하게 복직을 했던 나는 둘째를 임신하게 되면서 출산 후 복직에 대해서 진지하게 고민했다. 물론 아이 둘을 키우면서 겪을 어려움들에 대해서도 걱정이 되었지만 그보다는 내가 회사에서 하는 일이 상대적으로 가치가 있는지 생각했다. 출산 휴가만 사용하고 바로 복직한다고 하면 임신 중인 지금이라도 승진을 시켜주겠다는 제의도 있어서 흔들린 것도 사실이다.

하지만 나는 퇴사를 결심했다. 어차피 내가 버는 월급은 아이들을 돌봐주는 사람에게 대부분 쓰일 것이었다. 그렇다면 아이들과 함께하는 시간과 나의 자유를 포기할 만큼 내 일이, 내 직업이 나에게 보람되고 큰 의미를 갖는지 고민했을 때 아니라는 결론이 나왔다. 회사를 퇴사할 때 몇몇 동료들이 "이제 특급호텔 무료 숙박 못 하는 것은 좀 아쉽겠다."라고 이야기했다. 그때 나는 "돈 많이 벌어서 특급호텔 투숙 정도는 내 돈으로 쉽게 하는 사람이 되겠다."라고 당당하게 이야기했다.

당당하게 선언하고 회사를 나왔지만, 어린아이 둘을 키우면서 무언가를 시작한다는 것은 생각보다 어려웠다. 제일 힘든 점은 온전히 내 시간을 내가 원하는 대로 사용할 수 없다는 것이었다. 첫째만 키울 때는 친정 가족이 근처에 있어서 친정 부모님과 동생에게 도움을 받을 수 있었다. 그래서 육아휴직 동안 하루 반나절씩 교육을 받으러 다닐 수 있었고 복직도 할 수 있었다. 하지만 둘째 출산 후 남편 회사 때문에 지방으로 이사를 하게 되었고 낯선 곳에서 독박육아를 시작하면서 상황은 심각해졌다. 특히나 둘째는 내가 안고 있지 않으면 잠을 길게 못 자고 밤에 자다가도 두어 번은 자지러질 정도로 울어대는 통에 점점 몸도 마음도 지쳐갔다.

첫째 때는 배려 육아, 책 육아를 하면서 아이의 입장에서 생각하려고 노력하고 시간이 날 때마다 책을 읽어줬다. 그리고 아이도 잘 따라주어서 화낼 일이 거의 없었다. 아니 솔직히 순간순간 욱하는 경우도 있었지만 '그럴 수 있었을 거야.'라고 생각하며 마인드컨트롤이 가능했다. 하지만 둘째의 성향은 완전히 달랐다. 조심해야 하는 이유를 설명하고 있는 도중 행동이 앞섰고, 본인의 기분이 상했을 때 "에고, 우리 서후 속상했구나."라고 하며 감정을 읽고 공유해주는 일명 '구나' 방법도 통하지 않았다. 점점 마음의 여유가 사라지면서 아이들에게 먼저 소리를 치는 순간이 늘어났다.

회사 일로 바빠서 평일에는 아이들 자는 모습만 보는 남편에게도 화가 났다. 하루 종일 고생이 많다고 안쓰럽다가도 자다 깬 아이를 돌보는 데도 술에 취해 코 골고 자는 남편을 볼 때면 코에 빨래집게를 꽂아놓고 싶었다. 사랑하는 아이들과 소중한 시간을 함께하려고 퇴사했는데 아이들 때문에 힘들다고 생각하는 나 자신에게도 점점 화가 났다.

그때 무엇이든 시작해야겠다고 생각했다. 스트레스를 발산할 수 있는 무엇인가가 필요했다. 아이가 나를 찾지 않는 시간 틈틈이 할 수 있는 것이 뭐가 있을까 고민했다. 첫째 때부터 아이들 물건을 사기 위해 해왔던 해외직구가 생각났다. 그때만 해도 해외직구라고 하면 배대지라고 하는 현지 배송대리 업체를 거쳐 물건을 받아야 하고, 문제가 생기면 영어로 대화를 해야 한다는 생각에 많은 사람들이 시도하지 않을 때였다. 결혼 이야기, 육아이야기를 종종 올리던 블로그에 구매대행으로 몇몇 상품을 올리자 신기하게도 몇 개씩 주문이 들어왔다. 세일하는 괜찮은 물건이 있을 때마다 블로그에 올리고 문의가 들어오면 재고를 확인해서 해외배송료와 환율 등을 고려한 금액을 입금 받는 형태였다. 모든 일은 휴대폰으로 할 수 있었기 때문에 아이를 보는 사이사이에 가능했다. 나에 대해 잘 알지도 못하는데 몇십만 원씩 입금하는 사람들이 있다는 것이 신기했다. 더구나 해외구매의 특성상 물건을 바로 받는 것도 아닌데 입금 후 10일 정도를 믿고 기다려주었다.

내가 사는 곳으로 구매대행을 크게 하시는 분들이 강의를 하러 오신다는 소식을 들었다. 지방이라 수도권만큼 여러 강연들이 많이 이뤄지지 않아서 답답하던 찰나였다. 강연자에게 내 상황에 대한 내용을 적어 문의를 남겼다. 가까이에서 강의를 하는 흔치 않은 기회여서 꼭 듣고 싶은데 아이가 아직 많이 어려서 혹시 아이와 함께 가면 안 되는지 물었다. 수업 내내 아기띠로 메고 있을 것이고 아이가 울면 바로 나올 것이라고도 덧붙였다. 그 강연자 분도 아이를 키우는 엄마이셔서인지 다행히 허락을 해주셨다. 강의 시간 대부분 아이는 내 품에서 잠을 잤고, 끝부분 20분 정도는 강의실 밖에서 문틈 사이로 강의를 들었다. 아기 안고 문틈 사이로 계속 수업 듣는 내 모습이 안타까웠는지 강의 후 개인적으로 질문을 할 때 몇몇 사업자들만 사용하는 저렴한 배대지를 사용할 수 있도록 해주시는 등 여러 팁을 주셨다.

점점 주문이 늘어갈수록 휴대폰을 바라보는 시간이 늘어났다. 세일 소식이 들리면 정리해서 블로그에 올리고, 제품 문의가 들어오면 사이트에 들어가서 아직 재고가 남았는지 확인하고, 가격을 계산해서 알려주고, 고객이 해당 입금을 하면 사이트에 가서 주문하고, 배대지에 배송의뢰서를 작성하고, 통관이 문제없이 잘 되었는지 확인해서 배송문의에 답변하는 과정을 모두 혼자 했기 때문에 점점 시간이 많이 쓰이기 시작한 것이다. 또 세일 기간에는 물건들이 실시간으로 품절되기 때문에 블로그에 세일 정보를 올리는 사이에 품절이 되는 경우도 있었다. 아이들이 낮잠을 자는 사이, 새벽시간 등 틈틈이 하던 일이 점점 아이와 놀아주는 중간에도 문의 알람이 울리면 휴대폰을 보기 시작했다. 세일 품목 구매대행에서 공동구매를 하고, 수익률이 높은 것은 재료를 사서 직접 간단히 만들어 파는 것도 해봤다. 하지만 단순히 무엇인가 소득을 올리는 유의미한 일을 하고 있다는 생각에 즐거웠던 처음의 마음이 점점 무의미하게 느껴졌다.

아이 둘을 모두 가정보육을 하는 동안 아이 둘을 모두 어린이집에 보낸 후 생기는 온전한 나만의 오전 시간을 어떻게 값지게 보낼까 리스트를 적었다. 그동안 관리 못한 몸을 위해 운동을 하고, 아이들 때문에 먹지 못했던 매운 음식, 불판이 지글거리는 음식을 먹고, 악기도 하나 배우고… 하지만 집안 청소를 하고 장을 보면 오전시간이 모두 지나가 버리는 것은 물론이고 이런저런 일을 하다보면 시간이 훌쩍 지나 아이들 픽

업시간이 되어 있었다. 값지게 보낼 것이라고 생각했던 소중한 나의 자유시간을 그냥 쓴 것 같은 찜찜한 기분의 연속이었다. 그래서 독서토론 모임에 참여하고, 경매를 배우고, 사회복지사 등 몇몇 자격증을 땄다. 그러면서 취미로 독학해서 배우던 레진아트로 문화센터에서 강의할 기회가 생겼고 다음 학기 방과 후 교사로 도전할 기회가 생겼다. 수업 중에 사용할 재료들을 사던 중 아프리카로 파견 근무가 결정되었다.

아프리카 모잠비크에 건너온 초기에 나는 할 수 있는 것이 별로 없으니 포르투갈어 같은 여기서 배울 수 있는 것에만 집중하자라는 생각이었다. 하지만 코로나 이후 그 외의 것들이 가능해지면서 '그래, 언제까지 배우기만 할 거야. 이제 배우기만 하는 것은 그만하자. 이제는 무엇인가 결과를 내기 시작할 때다.'라고 결심했다. 그리고 그동안 부족한 부분만 생각하며 망설였다면 이제는 내가 가진 장점을 뽑아내기로 마음먹었다.

코로나로 인해 학교를 가지 못하고 집에만 있는 아이들과 함께하는 시간이 길어질수록 가족 간에 문제가 생겼다. 예전에 독박 육아할 때처럼 개인 시간이 점점 사라지면서 온 스트레스의 결과라고 생각했다. 그래서 이런 상황에 도움이 되는 온라인 강의가 무엇이 있을까 생각했다. 그때 부모의 시간을 위해 베이비시터를 고용하는 것이 일상인 미국에는 이미 온라인 베이비시터가 있다는 것을 알게 되었다. 우리나라에는 영어 교육을 원하는 학부모가 많으니 기왕이면 영어로 놀아주면 좋겠다는 생각에 미국의 온라인 베이비시터 업체와 계약했다. 그곳과 계약하기 위해 여러 사이트에 들어가 문의 메일을 보내고 담당자와 zoom으로 화상회의를 했다. 영어를 현지 사람처럼 잘 하지는 못하지만 두렵지는 않았기 때문에 무조건 들이댔다. 또 나처럼 미래를 걱정하는 학부모들을 위해 온라인 어린이 경제 교육 프로그램을 만들었고 자녀들에게 일상생활에서 경제 교육을 하는 방법도 코칭했다. 삶의 변화를 원하는 사람들과 성공을 바라는 사람들과 미라클 모닝 프로젝트도 함께 했다.

지금은 나처럼 육아 때문에, 개개인의 열악한 환경 때문에, 또는 직장이나 다른 이유 때문에 일상이 힘겨운 사람들에게 온라인 강의 비즈니스로 삶의 즐거움을 찾고 돈도 버는 일을 알려주고 있다. 내 힘들었던 독박육아 경험이 육아에 지친 부모를 위한 강의가 되고 어린이 대상 강의가 되었다. 답답한 현실을 겪은 경험이 미래에 대한 희망을 주는 미라클 모닝 프로젝트가 되어 보람된 지금의 시간을 만들고 있다. 여러분의 힘든 시간도 누군가에게 힘을 주고 여러분에게도 보람과 경제력을 주는 일이 될 수 있다. 경험과 열정을 돈으로 만드는 방법이 바로 이렇게 시작된다.

08

엄마, 오늘도 돈 버는 로봇 만들었어?

"나도 엄마랑 집에서 놀래."

어느 날 어린이집에 가기 싫다며 아이들이 이렇게 이야기했다.

순간 내가 중학교 때 엄마에게 "엄마의 일은 집안일이잖아."라고 이야기해서 깜짝 놀라시던 순간이 떠올랐다. 그 당시 나는 나름 엄마가 하고 있는 일에도 자부심을 가지라는 이야기가 하고 싶었다. '아빠는 회사에 가서 일을 하고 있는 것이고 엄마는 집에서 일을 하고 있는데 그것도 가치가 있는 일이고 금액으로 따지면 큰 금액일 수 있다'는 머릿속의 말을 엄마에게 끝까지 조리 있게 했는지는 기억이 나지 않는다. 엄마가 너무 충격을 받으셨는지 '집안일이 엄마 일이구나….'라고 속삭이던 모습만

떠오른다. 하지만 그때 머릿속의 말을 내가 했더라도 엄마에게는 그다지 큰 위안이 되지 않았으리라는 것을 지금의 나는 안다. 당연히 "내가 너희와 함께하려고 회사를 그만뒀어."라는 말은 더더욱 하기 싫었다.

순간 놀란 마음을 가라앉히고 아이들이 왜 난 집에서 논다고 생각했을지를 헤아려보았다. 아빠는 회사 간다며 일찍 준비하고 나가고 엄마는 집에 있는 것 같으니 아이들이 그렇게 생각하는 것은 당연하다고 생각이 들었다. 그래서 아이들에게 엄마도 항상 일하러 간다고 이야기했다. '너희들 어린이집에 데려다주고 엄마도 할 일이 많다'고 했다. 아빠는 회사에 가서 일하지만 모든 사람들이 회사에 다니는 것은 아니라고 알려주며 엄마는 오늘 이런이런 일을 해야 해서 집에 있지 않을 것이라고 이야기해주었다. 그 후로는 아이들이 항상 "우리 엄마도 일해요."라고 이야기했다. 종종 시댁 분들이나 주변 엄마들에게 도대체 무슨 일을 하냐는 질문을 받아서 난감할 때도 있었지만 항상 무엇인가를 하고 있었기 때문에 당당했다.

올해 초 이제 초등학생이 된 아이들이 비슷한 이야기를 오랜만에 했다. 코로나로 인해 24시간 함께하다 보니 엄마도 밖에 나가지 않는 것을 본 것이다. 본인들에게는 게임이나 넷플릭스, 유튜브도 시간을 정해두고 보라고 하면서 엄마는 노트북을 상대적으로 장시간 보고 있으니 나름 불만도 생긴 것 같았다. 그 사이 많이 큰 아이들의 눈높이에 맞게 이번에는 수익 자동화에 대해서 간단히 이야기해주었다.

"지난번에 우리 한국에 있을 때, 채이랑 서후가 직접 마스크 줄 만들어서 팔아봤던 기억나니? 그때 그 마스크 줄 만들 때 어땠어?"

한국에서 격리 기간 동안 아이들이 DIY로 만들 만한 것들을 찾다가 마스크 줄을 발견했고, 아이들에게 본인들 것만 만들 것이 아니라 주변에 선물도 하고 팔아보는 것은 어떤지 제안했었다. 내가 했었던 어린이 경제 교육 중 기업가정신 체험 중 하나였다. 아이들은 모아둔 용돈으로 직접 재료를 골라서 구입했다. 투자금에 비해 얼마를 벌 수 있을지 계산하며 금세 부자가 될 것 같다며 즐거워했다. 하지만 생각보다 완성하는 데 시간이 오래 걸리고 힘들어서 나중에는 아이들 스스로 돈도 필요 없으니 그만 만들겠다고 했었다. 그때의 기억을 잠시 떠올리더니 아이들은 "너무 힘들었어요."라고 대답했다.

"그래, 그렇게 물건을 만들어서 팔거나 식당처럼 음식을 만들어서 팔 수도 있어. 그런데 채이랑 서후가 직접 해봤듯이 그런 일들은 힘들지. 시간도 많이 들어서 여러 개 팔고 싶으면 오랫동안 다른 것 못하고 만들어야 해. 미리 만들었는데 팔리지 않으면 또 어떨까?" 아이들이 각자 생각을 이야기하느라 정신이 없다.

"아빠가 왜 너희들과 놀지 않고 매일 회사에 가셔야 할까?"

"돈 벌려고요."

"회사 안 가면 우리 과자랑 밥이랑 못 사요."

"그런데 엄마는 왜 회사에 가지 않고 집에서 너희랑 있을까?"

대화가 길어질수록 아직 초등학교 저학년 아이들이라서 점점 집중력이 흐트러지는 게 보인다.

"우리는 이 집에 살면서 이 집 주인에게 집세를 매달 주어야 해. 그럼 이 집주인은 일도 안 하고 매달 정해진 금액을 받는 거야. 집이 그 집주인 대신 돈을 벌어주고 있는 거지. 그런데 그 집이 한 개가 아니고 열 개야. 그럼 어떨까?"

아이들은 부자라며 난리다. 우리도 빨리 여기에 집을 사자고 한다.

"엄마, 아빠는 집을 여러 개 살 정도로 돈을 많이 가지고 있지 않아. 그리고 아프리카에 집을 사면 한국에 돌아가서는 어떻게 해." 아이들에게 임대업 말고도 직접 일하지 않고 돈을 버는 사람들, 회사들에 대해 여러 비유를 대며 간단히 이야기해주었다. 돈 버는 방법이 다양하게 있다는 것에 신기해했다.

나는 아프리카에서 지식창업으로 성공했다

"그래서 엄마는 온라인에 엄마 대신 돈 버는 로봇을 만들고 있어. 이 돈 버는 로봇이 작동해서 엄마가 너희들과 노는 동안에도 돈을 벌게 하기 위해서 지금 부품을 조립하고 기름칠을 하고 있는 거지. 완성해서 제대로 움직이기 전까지는 엄마도 계속 만들고, 만든 것이 작동이 안 되면 다시 고치고 해야만 해."

이렇게 이야기하자 아이들은 대충 이해한다는 듯 고개를 끄덕였다. 이미 플리마켓에서 풍선 등을 팔아보고, 온라인으로 마스크 줄을 팔아보고, 이모에게 영어 과외를 하는 등의 경제 활동을 해 본 아이들이어서 설명하기가 한결 수월했다. 참고로 아이들이 경제활동을 어떻게 했는지 궁금하다면 내 블로그에서 확인할 수 있다.

예전과 달리 오프라인으로 진행되던 거의 모든 강의가 온라인으로 가능해졌다. 꼭 만나서 배워야 할 것 같았던 운동이나 그림, 악기 같은 경우에도 각종 다양한 플랫폼에서 온라인으로 배울 수 있다. 물론 코로나 상황이 좋아지면 예전처럼 오프라인으로 강의가 다시 진행될 것이다. 하지만 나처럼 해외에 있어서 현장에 가지 못하는 사람들을 위해, 또 당일에 사정이 있어서 참가는 못 하지만 듣고 싶은 사람들을 위해 온라인 강의를 병행하거나 강의 녹화본을 판매하는 방법도 병행할 것이다.

이뿐만이 아니다. 상황이 된다면 내 강의를 우리나라 사람뿐이 아니라 전 세계 사람들을 상대로 만들어서 팔 수도 있다. 실제로 내 강의를 들은 학생 중에는 온라인으로 외국인들 상대로 한국어를 가르쳐주는 강의를 하는 사람도 있고 K-pop 가수들의 댄스를 가르쳐주는 사람도 있다. 주로 오프라인으로 이루어지던 강의가 온라인으로 옮겨가면서 시간과 공간에 제한 없이 강의를 하고 강의를 받을 수 있게 되었다. 지난 2년여간 내가 원하는 시간에 편하게 집에서 받을 수 있는 온라인 교육이 생각했던 것보다 효과적이고 좋다는 것을 경험한 사람들이 이미 많아졌다. 온라인 강의 시장이 점점 커질 수밖에 없다. 자동화된 시스템으로 경제적 자유를 누리고 싶다면 성장하는 온라인 강의 시장에 빨리 뛰어들자.

내가 하는 온라인 강의 플랫폼 구축과 자동화 마케팅 강의를 듣는 사람들은 대부분 적은 시간으로 큰돈을 벌 수 있을 것이라는 희망에 야심차게 시작한다. 나는 항상 처음에는 기존의 일상에 무리가 되지 않도록 주 4시간 정도만 투자하라고 이야기한다. 하지만 많은 이들이 잠을 줄이더라도 하루 4시간씩 써서 더 빨리 로봇을 완성할 것이라며 무리한다. 문제는 그렇게 의욕이 넘쳤던 사람들이 점점 시간이 흐를수록 스스로 지쳐서 만들기를 포기하는 것이다. 로봇이 당신을 위해 일하기 시작하기만 하면 당신이 원하는 수준의 경제적 자유를 누릴 수 있다. 그런데 대부분 그 로봇을 완성하기 전에 여러 가지 이유로 포기하는 것이다.

로봇 완성을 앞두고 포기하는 사람들이 안타까워서 나는 정기적으로 챌린지 형식의 강의를 진행한다. 매주 공개되는 영상을 각자 편한 시간에 보되 그곳에 올라오는 과제를 제출하는 방식이다. 수강생들이 정해진 양의 일을 배우고 하다 보면 자동으로 일정 시간 후에 로봇이 완성되도록 커리큘럼을 준비해두었다.

사람은 기존의 틀에서 벗어나지 않으려는 습성이 있어서 변화를 만들기 위해서 주변 환경을 바꾸거나 접근 방법을 바꾸어야 한다. 본인이 달성하고 싶은 것이 있다면 해당 챌린지를 검색해보자. 블로그나 인스타그램 같은 SNS를 꾸준히 하고 싶다면 블로그 1일 1포스팅 챌린지, 인스타그램 피드 1일 1업로드 챌린지를 당장 검색해보고 바로 참여해보라. 책육아, 엄마표 영어 교육 등도 챌린지 형식으로 이루어지는 것들이 찾아보면 많다. 참고로 가능하면 유료 챌린지에 참여하는 것을 권한다. 단 5만 원이라도 지불하고 참여할수록 돈을 생각해서라도 성공 가능성이 높아진다. 그룹으로 이루어지는 챌린지 내에서 성공하는 사람들이 많아야 본인도 자극을 받고 계속할 것이다.

당신이 지금 당장 원하는 것이 있는가? 지금 바로 해당 챌린지를 검색해서 참여해라. 성공하는 챌린지가 많아질수록 여러분이 원하는 로봇이 만들어질 것이다. 나의 아이들은 요즘도 내가 노트북을 덮고 책상에서 일어서면 이야기한다.

"엄마, 오늘도 돈 버는 로봇 만들었어?"

PART 2

누구나 지식창업으로
10억을 벌 수 있다

An INFOPRENEUR in AFRICA

01

정말 안정된 직장이라고 생각하나요?

한때 우리는 초, 중, 고, 대학교를 졸업하고 안정된 좋은 직장에 들어가서 정년까지 문제없이 다니는 것이 최고라고 생각했다. 그래서 내가 하고 싶은 일을 찾기보다는 남들이 말하는 연봉이 높은 좋은 직장을 목표로 교육을 받았다. 하지만 IMF 등의 여러 상황을 겪으면서 정년까지 한 회사에서 일하는 것이 불가능할 수도 있다는 생각을 하게 되었고 이는 아이러니하게도 급여는 적더라도 직장을 잃을 가능성이 적은 공무원이나 공기업 같은 더 안정적이라고 생각하는 직업을 선호하는 결과를 가져왔다. 대학을 졸업하고도 공무원시험 공부를 하느라 몇 년 동안 공부를 계속하는 젊은 인재들을 보고 있으면 공무원 시험 합격만이 유일한 성공 방법이라 믿는 것 같아서 너무 안타깝다.

　최근 넷플릭스에서 제작되어 전 세계적으로 화제가 된 〈오징어 게임〉
이라는 시리즈물이 있다. 간단하게 내용을 이야기하자면 1등 한 명만 받
을 수 있는 456억 원을 위해 서바이벌에 참가한 사람들이 목숨을 걸고
서로 경쟁하는 내용이다. 그 456분의 1의 가능성을 향해서 각자는 수단
과 방법을 가리지 않는다. 참가자 개개인에게는 다양한 스토리가 많지만
경쟁관계에서 만난 사람들끼리는 사연이 있는 사람으로 느끼기보다는
그저 한 명의 밟고 올라가야 하는 경쟁자로 느낄 뿐이다. 이 시리즈물이
왜 전 세계적으로 인기가 있었던 것일까? 여러 이유가 있지만 나는 우리
가 사는 현실과 너무나도 비슷해서 내용에 공감을 할 수 있었기 때문이
라고 생각한다. 내가 현실을 너무 비관적으로 바라보는 것일까?

　공공기관 경영정보 공개시스템(알리오)에 따르면 올 상반기 신규채용
에서 최종 경쟁률 100 대 1 이상을 기록한 공기업, 준정부기관이 스물여
섯 곳이다. 이 중 경쟁률이 가장 높았던 한국남동발전의 경쟁률은 715 대
1이었다. 사무상경직군 4명 모집에 2,858명이 1차 전형에 응시한 것이
다. 오징어게임의 경쟁률인 456 대 1보다 두 배 이상이 높은 경쟁률이다.
4등 안에 들기 위해서 최소한 2,854명보다 앞서야 한다. 이런 상황에서
여러분은 어떤 일까지 할 수 있을까? 물론 〈오징어 게임〉에서처럼 상대

방을 죽이지는 않겠지만 어제 같이 공부했던 친구가 함께 응시한 경쟁자로 다르게 보이지 않을까?

　취업난이 계속되면서 취업을 위해 쌓아야 할 일명 스펙이라는 것이 점차 많아졌다. 만점에 가까운 토익점수, 영어말하기 시험점수, 업무 관련 자격증뿐만 아니라 IT 관련 자격증, 한자급수 자격증, 한국사능력검정시험, KBS한국어능력시험 자격증 등까지 경쟁자와의 차이점을 어필하기 위해 노력한다. 힘들다고 하는 고3을 지나 대학에 들어가도 대학생활을 즐기기보다는 1학년 때부터 각종 스펙을 쌓느라고 대학생활이 더 힘들다고들 한다. 대학을 졸업하고도 스펙 쌓기 위한 자격증 공부를 하며 취업 준비를 하거나 대학원에 진학하고 MBA 등을 따기도 한다. 같은 케이크를 두고 여러 명이 경쟁하다 보니 점점 힘들고 치열해진다.

　내가 다니던 회사에는 해외에서 대학을 나오거나 중고등학교부터 해외에서 유학을 한 직원들이 많았다. 우리는 종종 급여로 각자가 쓴 학비를 갚으려면 몇 년이나 걸릴지에 대해서 이야기 나누며 씁쓸하게 웃었다. 남들보다 돋보이는 이력을 만들기 위해 대학원을 나오고 MBA를 등록하고 해외로 유학을 갔다 오면 당신의 가치가 회사에서나 시장에서 상대적으로 높아졌으리라 생각하지만 모두가 그렇지 않다. 연봉이 약간 높아질 수 있지만 회사에 묶여 시간과 에너지를 써야 하는 직장인이라는 것은 같다. 오히려 더 많은 학자금 대출금을 갚기 위해 회사에 더 충성해야 할 수도 있다. 부자가 되기 위해서 단순히 남들보다 눈에 띄는 스펙이 꼭 필요한 것은 아니다. 연봉을 조금 올리기 위해 무조건 교육을 많이 하는 것이 정답이 아니라는 것이다. 지금 이 책을 읽는 당신, 그리고 당신의 자녀를 교육할 때 이점을 꼭 염두에 두기를 바란다.

통계청 KOSIS 지표에 따르면 2019년 기준 한국인 기대수명은 남자 80.3세, 여자 86.3세로 평균 83.3세이다. 점점 기대수명은 늘어나는 추세이니 대략 90세에 죽는다고 가정해 간단한 계산을 해보자. 또 취업포털 인크루트에서 2020년 조사한 대졸 신입사원의 평균 나이는 31.0세이다. 정년은 아직 만 60세이니 간단히 계산하면 약 30년 근무 후 받은 소득으로 나머지 30년을 살아야 한다는 계산이 나온다. 만약 자녀가 있다면 자녀가 소득이 생기는 시점까지의 비용도 30년 근무 소득으로 지불해야 한다. 그런데 현실 속 대부분은 월급이 입금되면 카드회사와 자동이체 된 각종 회사 등에서 먼저 인출해가고 남는 금액이 거의 없다. 오죽하면 〈월급은 통장을 스칠 뿐〉이라는 노래(2017년, 스텔라 장)가 있을 정도다. 경제활동을 열심히 하는 현재도 그러한데 은퇴 후 남은 3분의 1 인생은 어떻게 살아갈 것인가?

더 심각한 문제는 지식의 반감기는 더 짧아진다는 것이다. 예전에는 20대 초반 대학에서 배운 전공지식으로 취업하고 평생을 살았다. 하지만 이제는 세상이 빠르게 변화하고 있기 때문에 새로운 것을 계속 배워야 한다. 우리 아빠는 2000년대 초반 인터넷이 보편화되던 시기 "내가 살면 얼마나 더 산다고 복잡하게 컴퓨터까지 배우고 싶지는 않다."라고 이야기하셨다. 하지만 10년도 지나지 않아 컴퓨터를 배우지 않으면 일하는 데도 문제가 있고 정보를 얻는 데도 한계가 있다는 것을 알게 되었다. 그래서 결국은 회사에서는 후배들에게, 집에서는 자식들에게 여러 가지 질문하시면서 배우셨다. 지금은 개인 노트북으로 스마트폰으로 유튜브를 보시고 기사를 찾아보신다.

급변하는 세상에서 필요한 인재가 되려면 10년 단위로 새로운 것을 배우는 사람이 되어야 한다고 한다. 10년 단위로 새로운 것을 배울 수 있는 곳을 찾을 것이다. 그 말은 바꿔 말하면 30대, 40대, 50대, 60대 이상 사람들을 대상으로 강의를 할 기회도 있다는 뜻이다. 어서 빨리 시대에 적응하는 사람이 되자.

아이들이 종종 하는 보드게임 중에 '인생게임'이라는 것이 있다. 단순하게 아이들과 경제공부를 하면서 할 수 있는 게임이라는 생각에 구입했는데 여러 요소들이 굉장히 현실적이다. 모든 플레이어는 실제 인생처럼 시기에 따라 삶에서 중요한 선택을 해야 한다. 게임 시작부터 직장 생활부터 시작할지 대학 생활부터 시작할지를 먼저 정해야 한다. 대학 졸업을 할 경우에는 변호사, 회계사, 의사 등 더 많은 급여를 받는 직업을 선택할 가능성이 높다. 하지만 첫 월급을 받기까지 시간이 걸리고 학자금 대출을 받아야 하기 때문에 시작부터 빚의 부담을 지게 된다. 대학을 졸업한다고 해서 모두 고소득의 직업을 갖는 것은 아니다. 오히려 직장생활을 바로 하는 경우보다 더 낮은 급여의 직업을 얻게 될 수도 있다.

그 외에도 장, 단기 투자를 한다거나, 추가 학점을 따기 위해 학교에 다시 갈 것인지를 선택하거나 위험하지만 고소득을 얻을 수 있는 방향으로 갈 것인지, 그냥 안정적인 길로 갈 것인지를 선택하는 순간도 있다. 자동차 모양의 게임 말에는 결혼을 하거나 출산을 할 경우 추가 인원수만큼 핀을 꽂을 수 있는 구멍이 있다. 여행을 가거나 세금을 내는 등의 경우 가족의 인원수에 따라 지불해야 하는 금액도 달라진다. 아이들 장난감이라고 단순하게 만들지 않고 정말 많은 것을 생각해서 만든 게임이라는 것을 알 수 있다.

처음 게임을 할 때 나는 무조건 대학에 가는 선택을 했다. 아이들에게도 대학에 가는 것이 더 좋을 것이라고 당연하게 이야기했다. 하지만 대학을 나와도 급여가 낮을 수도 있고 실직 칸에 걸리면 직장을 잃기도 했다. 어떨 때는 학자금 대출 비용을 상환하지 못하고 이자만 내다가 은퇴하는 경우도 있었다. 게임을 하는 횟수가 늘어나자 아이들이 먼저 나에게 꼭 대학에 갈 필요는 없다고 이야기했다. 중간중간 선택에 따라 얼마든지 달라질 수 있다고 본인들의 경험을 이야기하면서 나에게 설명한다. 단순히 게임에서 뿐만 아니라 실제 인생에 대한 생각이 나보다 다양화되어 있는 것을 느꼈다.

나는 그동안 안정된 길이라고 하는 평범한 삶을 살아왔다. 공부를 잘 하지는 못했지만 유치원부터 13년 개근했다. 그것이 성실함을 보여주는 것이라고 믿었기 때문에 아파도 학교에 갔다. 원하는 대학교에 떨어졌을 때는 실패한 인생이라고 생각했다. 몇 년 뒤 해외에서 인턴생활을 하고, 내가 원하는 것을 배우기 위해 다시 대학에 다니면서 재수하며 입시공부를 했다. 그것만이 유일한 길이라고 생각하고 1년을 보낸 내가 안타까웠다. 그 시간과 써버린 돈도 아까웠다. 안정적인 삶을 살기 위한 길에서 내가 벗어난다는 생각에 어떻게든 다시 그 길로만 가려고 노력했다. 다른 길이 있다는 것을 생각하지 못했다. 내가 만약 다시 그때로 돌아간다면 다른 선택을 할 것이다.

02

일상이 지루하다면 지식창업을 하자

"지난 33년간 매일 아침에 거울을 보면서 나 자신에게 묻곤 했습니다. '오늘이 내 인생의 마지막이라면 그래도 오늘 하려던 일을 하고 있을까?' 하고 말입니다. 연달아 '아니오.'라는 대답이 며칠 계속 나올 때는 뭔가 변화가 필요한 때라는 사실을 깨달았습니다."

스티브 잡스가 2005년 스탠퍼드대학교 졸업식에서 한 연설의 일부분 이다.

나의 첫 직장은 은행이었다. 전공과 너무 다른 직업이었고 은행원에 대해서 잘 몰랐다. 하지만 기왕이면 열정적으로 잘해보자는 생각으로 동기 대표를 자원해서 맡았다. 이왕 시작한 것 기왕이면 보람차게 보내고 싶었기 때문이다. 신입사원 연수를 받는 1개월은 학교 엠티를 온 것처럼 즐거웠다. 하루 강의를 마친 저녁에는 서로 모여서 이 회사에서의 사회생활을 어떻게 잘할 것인지에 대해서 이야기를 나눴다. "나는 회사에 뼈를 묻을 거야."라고 말하는 언니부터 큰 실수하면 어쩌나 걱정하는 친구까지 다들 새롭게 펼쳐질 은행원으로서의 삶에 열정이 있었다. 하지만 한 달 후 지점을 배치받아 뿔뿔이 흩어지는 순간부터 우리는 현실과 마주하게 되었다. 민감한 돈을 다루는 직업이라 집중하지 않으면 시재가 안 맞았다. 시재를 맞추기 위해 밤늦도록 집에 못 가는 날에는 눈물이 날 정도였다. 대기 인원이 많아서 화장실도 못 가고 일하는데 번호표가 빨리 줄지 않는다고 소리를 치거나 수수료가 다른 은행에 비해 비싸다고 컴플레인을 하는 등의 일들이 종종 벌어지는 것도 힘들었다. 지점 분들이 내가 막내이고 신입이라서 많이 챙겨주셨지만 점점 처음의 열정이 사라지는 것을 막을 수는 없었다. 어느 순간부턴가 나는 그냥 문제없이, 실수 없이 한 달을 보내고 월급날이 오기만 기다렸다.

매일 아침, 아침 식사를 하는 대신 잠을 더 자겠다는 생각으로 알람 소리에 일어나 간단히 씻기만 하고 바로 집을 나섰다. 인천에 있는 집에서 회사가 있는 서울 봉천역까지 가는 길은 매일 아침 전쟁이었다. 출근길 붐비는 전철 속 사람들의 표정은 모두들 비슷했다. 책 또는 신문을 보는 사람들도 종종 있지만 빈틈없이 사람들이 탈 때면 책을 펴는 것도 불가능한 일이다. 대부분은 휴대폰을 보거나 잠을 잤다. 서서도 눈을 감고 조는 사람들도 있었다. 다들 표정이 없다. 전철이 모두를 싣고 어디론가 억지로 끌고 가는 것 같았다.

몇 달 후 회사에서도 내가 출퇴근 거리가 멀다고 생각하셨는지 어느 날 인사부에서 인천에 자리가 났으니 그쪽으로 가는 것이 어떻겠냐는 연락이 왔다. 당시 지점 분들이 너무 좋았지만 내가 힘든 것이 출퇴근 스트레스의 영향이 많을 수도 있겠다는 생각이 들어서 제안을 받아들였다. 하지만 단순히 출퇴근이 문제가 아니었다는 것은 지점을 옮기고 오랜 시간이 걸리지 않아 알 수 있었다. 내가 생각하기에 은행원에게는 큰 미래가 보이지 않았다. 창구에 있다가 승진을 해서 다른 업무를 하더라도 대출이나 보험 등을 판매해야 하는 것만 다르고 비슷했다. 지점에 있는 선배들을 바라보면 출퇴근할 때 봤던 무표정의 사람들과 같았다. 이런 표정으로 은행 일을 30여 년 동안 계속해야 한다고 생각하니 끔찍했다. 그 무렵 동기들의 퇴사 소식이 하나둘 들려왔다.

직장인들에게 소속된 직장에 대한 사랑과 애정을 담아 주인의식을 가지라고 한다. 회사 일을 내 일처럼 하고, 사무실을 내 집처럼 깨끗이 관리하고, 회사 비품을 내 물건처럼 아껴 쓰라고 강조한다. 하지만 이 말을 들을 때마다 나는 뭔가 맞지 않다고 느낀다. 회사 일을 내 일처럼 나의 시간과 에너지를 들여서 한다고 해도 나에게는 큰 변화가 없었다. 오히려 회사는 승진이나 약간의 연봉 인상 등을 미끼로 더 많은 시간과 에너지를 요구했다. 또 내가 주인의식을 가지고 청소를 하면 나는 청소하는 사람이 되었고 그렇다고 해서 사무실은 내 집이 될 가능성은 절대 없었다. 잘하면 주인이어서 당연한 일이 되고 잘못하면 그것에 대한 책임을 요구했다. 직원으로서의 책임은 많아지는데 권한은 전혀 없는 반쪽짜리 주인이었다.

결국 나는 전부터 하고 싶었던 새로운 전공 공부를 다시 하기로 마음먹었다. 아직 우리나라에는 전문 인력이 많지 않은 분야였다. 해당 전공 학과가 있으면서 학비가 비싸지 않은 곳을 찾아보니 호주에 있었다. 입학에 필요한 점수를 신입생 서류 접수 날짜까지 얻지 못하면 평생 은행원으로 살자는 마음이었다. 당연히 부모님께 부담을 드릴 수 없어서 버는 돈의 대부분을 저축하며 학비를 모았고 동시에 IELTS(국제 영어능력 시험으로 영국, 호주 등의 대학 입학에 필요한 영어 시험) 준비 등 대학 지원 준비를 시작했다. 신기하게도 새로운 목표가 생겨서 평소보다 더 많은 것을 하느라 시간이 없는데도 회사에서 오히려 업무에 더 집중할 수 있었다. 실수 없이 일을 처리해서 제때 퇴근해 당일 목표한 양의 강의를 들어야 했다. 그렇게 강의를 듣고 공부하면서 주말을 보냈어도 집에서 푹 쉬고 출근하던 예전 월요일 아침보다 더 상쾌했다.

15개월 정도 된 딸을 둔 A가 있다. 그녀는 좋은 대학을 나왔고 바라던 공무원 시험에 한 번에 붙을 정도로 공부도 잘했다. 남편은 같은 공무원 선배였고 대학 졸업 후 취업 그리고 결혼, 출산까지 하며 다른 친구들이 빨리 자리 잡았다고 부러워했다. 하지만 내가 처음 만났을 때 그녀는 일종의 산후우울증에 걸려 있었다. 한창 친구들은 여행을 다니거나 밤늦도록 술을 마시는 경우가 많았는데 그녀는 아이와 함께 둘이 집에 있는 시간이 대부분이었다. 맞벌이를 할 때와 다르게 육아휴직 동안 남편의 월급으로만 세 가족이 생활했다. 그래서 결국 출산 전에 들고 있던 적금이나 보험들을 해약하면서 지낸다고 했다. 상황이 이러니 이런 상황을 만든 아이도 싫고 남편도 싫어졌다. 공무원이라 다시 복직은 할 수 있지만 돌아가고 싶지 않다며 다른 길이 없을까 찾다가 내 강의를 신청했다.

지식창업에 대해 잘 알지 못하는 분들을 위한 '6주 만에 수익 만들기 챌린지'는 일주일에 4시간만 낼 수 있으면 가능하다. 그녀는 지금의 삶을 바꾸고 싶은 마음이 간절한 만큼 아이가 잠든 시간이나 새벽에 약 40분씩 시간을 내서 틈틈이 과제를 했다. 그리고 6주가 지나 첫 강의 런칭날에 80만 원 정도의 수익을 냈다. 어떤 것을 해야 할지 모르던 상황에서 6주 동안의 챌린지를 통해 간단한 강의를 만드는 법을 익히고 광고 없이 수강생을 모으는 방법을 배워서 런칭 당일 하루에 80만 원의 수익을 낸 것이다.

"처음에 6주 만에 수익을 낼 수 있다고 해서 가능할까 생각했어요. 그래도 무료 강의를 듣고 지금 상황에서 더 잃을 게 없는데 뭐라도 좀 해보자는 생각으로 신청했어요. 그냥 프로그램 툴만 알려주는 게 아니라 같은 여자이고 또 아이를 키우는 선배엄마여서 제 상황을 공감해주시고, 할 수 있다는 생각을 심는 데 도움을 주셔서 좋았습니다. 매주 수업을 들을 때마다 자신감과 사라졌던 자존감이 생겨서 낮에 아이를 볼 때도 즐겁더라고요. 그동안 아이를 원망할 때도 있었는데 너무 미안했어요. 집에서 육아를 하면서 첫 수익이 80만 원이라니 이 상황이 너무 신기해요."

그녀는 현재 정기적으로 강의를 런칭하는 강사가 되어 매달 공무원 남편보다 더 많은 돈을 벌고 있다. 비용 때문에 보낼 수 없었던 어린이집에 아이를 보내면서 그녀는 시간적 여유와 함께 마음의 여유도 생겼다. 남편도 퇴근 후나 주말에 아이와 함께 하는 시간이 많아져서 남편과의 관계도 회복되었다.

지식창업은 필요로 하는 이에게 내가 가진 경험과 지식을 전해서 그 사람이 가진 문제를 해결해 주는 것이다. 매일 다른 사람들에게 어떤 가치를 전달할지를 고민하게 되면서 육아를 하거나 회사 일을 할 때 당신의 삶은 180도 달라진다. 내가 누군가에게 도움을 줄 수 있다는 것을 느끼고 강의를 들은 학생이 내게 덕분에 인생이 달라졌다는 감사를 표현할 때의 기분은 더 많은 것을 가능하게 하는 힘을 준다. 또 그들과의 약속을 지키기 위해 노력하다 보면 자신의 삶은 저절로 값져지고 자연스럽게 경제적 자유도 얻게 된다. 실제로 '6주 만에 수익내기 챌린지'에 참여하는 사람들은 하루하루 1시간도 안 되는 시간으로 성실하게 과제를 하면 6주 후면 월급 외의 돈이 생긴다는 사실 자체만으로도 출근길 표정이 달라진다.

"당신이 할 수 있는 가장 커다란 모험은 당신이 꿈꾸던 삶을 사는 것이다." 오프라 윈프리의 이 말은 읽을 때마다 심장을 요동치게 만든다. 내가 은행을 퇴사하고 호주에서 공부해서 성공했냐고 묻는다면 그때 생각했던 업종의 일을 하지 않고 있으니 아니라고 할 수 있겠다. 하지만 그때의 선택을 후회하지는 않는다. 유학 당시 모아온 금액이 충분하지 않아 두세 가지 아르바이트를 하면서 공부해야 해서 오히려 힘들었다. 나는 이 나이에 햄버거 체인점에서 아르바이트를 하는데 한국에서는 은행 입사 동기들이 경력직 은행원들을 높은 연봉과 성과급을 제시하며 채용하던 여러 증권사로 옮겼다는 소식이 들렸다. 하지만 나는 내가 그 당시에 꿈꾸던 삶을 살았다. 그 경험은 분명 살면서 많은 도움이 되었고 즐거운 추억이다.

지금은 몇 년 전, 꿈꾸던 삶을 살고 있는 중이고, 또 새로운 꿈을 꾸고 있는 중이다. 당신도 월급과 휴가가 꿈인 삶이 아닌 진정한 꿈의 삶을 사는 모험을 하길 바란다.

03

한 달 커피값으로 사업을 하자

카페라테 효과(Caffe latte effect)라는 경제 용어가 있다. 하루 카페라테 한 잔 값의 돈을 절약해 꾸준히 모으면 목돈을 만들 수 있다는 의미로 2003년 미국의 개인 자산 전문가 데이비드 바흐(David Bach)의 『자동으로 백만장자 되기(The Automatic Millionaire)』라는 책에서 처음 나왔다. 바흐는 한 잔에 5달러인 카페라테를 매일 사 먹는 대신 그 돈을 수익률 높은 곳에 투자하면 40년 후엔 100만 달러가 넘는 은퇴자금을 저축할 수 있다고 했다. 나도 한때는 이 말을 듣고 커피를 거의 매일 사 먹는 내가 잘못이라고 자책했다. 그리고 실제로 한동안 커피를 사 마시지 않았고 하루 만 원씩 자동이체되는 통장을 만들었다.

하지만 이 공식에는 몇 가지 생각해 봐야 할 점이 있었다. 우선 바흐는 11%의 수익률을 적용해서 계산했다는 점이다. 수익률이 낮아질 경우 40년 후에 받게 될 금액은 많이 낮아진다. 11%의 수익을 내는 것은 당신이 알고 있는 것만큼 쉽지 않다. 그리고 당신이 30세에 취업을 한 날부터 커피값을 매일 모아 11% 수익률의 투자 성공을 했다고 해도 백만장자가 되는 시기는 40년 후인 70세라는 점이다. 또 70세가 되는 2050년에 받게 되는 약 12억이 20년 이상의 내 남은 삶을 풍요롭게 보내기에 충분한 돈도 아니다. 만약 커피값과 택시비를 아껴서 좀 더 큰돈을 모았다고 해도 나는 70세에 부자가 되고 싶지는 않다. 조금이라도 젊을 때 부자가 되어 여행도 다니고, 할 수 있는 것들을 하고 싶다.

물론 바흐가 이야기하는 점은 단순히 카페라테 한잔이 아니다. 사소한 소비를 아껴서 현명하게 투자하라는 것이 요점이라는 것을 안다. 하지만 나는 엠제이 드마코가 『부의 추월차선』에서 언급한 것처럼 '천천히 부자되는 것'에 부정적이다. 그는 책의 프롤로그에서 이렇게 이야기한다.

"평범하게 돈을 버는 방법은 '천천히 부자 되기', '서행차선', '휠체어 탈 때 쯤 부자 되기'로 대변 된다. 그리고 그 방법은 다음과 같이 지루하다. 대학에 가고, 좋은 성적을 받고, 졸업하고, 좋은 직업을 갖고, 수익의 10%를 주식에 투자하고, 최대한 퇴직연금에 투자하고, 신용카드를 없애고, 쿠폰을 모으고 그러면 당신이 65세쯤 되었을 언젠가 부자가 될 것이다. 이런 지시사항은 곧 현재의 삶을 미래의 삶과 맞바꾸라는 의미다."

　나는 한 달 커피값으로 사업을 하라고 이야기한다. 요즘에는 사업을 한다고 해서 예전처럼 초기 투자자본이 많이 들어가지 않는다. 나는 학교에서 생산의 3요소는 토지, 노동, 자본이라고 배웠다. 예를 들어 음식점을 한다고 생각해보면 조리공간과 식사공간을 포함한 매장이 있어야 했고, 음식을 만들고 서빙하는 등의 노동력이 필요했다. 또한 그 매장과 노동을 제공하는 직원의 인건비, 재료 등을 포함한 자본이 필요했다. 그래서 토지나 자본이 없다면 사업을 시작하기 힘들었고 있다고 해도 사업이 잘 되지 않으면 사업 초반에 들어간 인테리어 비용, 여러 조리기구 비용, 광고 비용 등이 회수가 되지 않아 피해가 컸다. 다니던 회사를 퇴사하고 쉽사리 사업에 뛰어들 수 없었던 이유가 바로 이것이었다.

　하지만 인터넷이 발달하면서 많은 것이 변했다. 매장이 없어도 온라인으로 음식을 팔 수 있고 기존처럼 많은 초기 자본을 들이지 않아도 사업을 시작할 수 있다. 며느리도 안 알려준다는 음식 비법들도 유튜브 등을 찾아보면 나오는 세상이다. 음식을 잘 만드는 것도 중요하지만 파는 방법을 잘 알면 성공할 수 있다. 그래서 폴 로머(Paul Michael Romer, 뉴욕대학교 스턴경영대학원 교수)같은 신성장론자들은 생산의 3요소가 재료(Things), 사람(Men), 아이디어(Idea)라고 이야기한다.

　예전에는 본업 외의 부수입을 올리기 위해서 야간에 할 수 있는 대리 운전, 편의점 아르바이트 또는 주말 아르바이트 등을 하는 것이 대표적이었다. 하지만 요즘에는 학교 선생님들이 수업하는 모습을 올리기도 하고, 약사나 의사들이 정보를 제공하기도 하면서 유튜브 수익을 올리거나 홍보 효과로 인한 부수입 파이프라인을 만든다. 육아를 하면서 공동구매를 하고 이유식을 만들어서 판매하기도 한다. 시간과 공간의 제약 없이 사업을 할 수 있는 것이다.

커피전문점 커피 가격을 대략 5,000원으로 잡고 한 달 커피값을 계산해보면 15만 원이다. 이제 이 돈이면 충분히 창업을 할 수 있다. 내가 처음에 육아를 하면서 블로그로 구매대행으로 수익을 낼 때를 생각해보자. 나는 세일 상품 등 좋은 상품을 찾아서 정보와 메인 공식홈페이지나 상품페이지 링크 등을 블로그에 올렸다. 관심을 갖는 사람들에게 현지 제품가에 국제배송비와 세금, 내 수고비 등을 추가한 가격을 알려주고 입금을 받았다. 입금이 확인되면 해당 물품을 공식홈페이지에서 직접 구매하고 받는 사람을 대신해서 통관 서류를 작성하는 것이 전체적인 순서이다. 입금을 받은 후 상품구매 및 배송비, 세금 결제가 이루어지기 때문에 해당거래에 내가 들인 비용은 0원이었다. 내가 판매 물건을 제작하거나 미리 구입해두고 판매하는 것이 아니기 때문에 재고에 대한 걱정도 전혀 없다. 판매가 되지 않더라도 상품을 고르고 블로그에 올리는 내 수고비 정도만 손해 본 것이어서 큰 문제도 되지 않았다.

재료비나 인건비가 거의 들지 않는 지식창업은 거의 무자본 창업에 가깝다. 나의 수강생 중 한 명은 블로그를 이용해서 돈을 벌기 시작해서 블로그 수익화 강의도 하고 있다. 특별하지 않은 일상을 기록 삼아 남기던 블로그가 어느 정도 조회 수를 기록하면서 그녀는 블로그 체험단을 시작으로 쿠팡파트너스, 텐핑 등 제휴마케팅, 공동구매 등을 할 수 있었다. 그리고 지금은 그 수입에 만족하지 않고 내 마스터 클래스를 듣고는 강의 서비스를 구축해서 블로그로 수익 내기를 원하는 사람들에게 강의 및 코칭도 하고 있다. 휴대폰과 집에 있던 노트북을 사용했기 때문에 그녀가 매달 1,000만 원에 가까운 수익을 올리는 데에 들어간 비용은 마이크와 조명 구입 비용과 자동화를 도와주는 프로그램 사용료까지 포함해서 총 15만 원 정도가 전부였다.

구독자가 몇십만, 몇백만 되는 스타 유튜버들이 유튜브를 시작하려는 사람들에게 하는 말이 있다. 장비 탓하지 말고 옆에 있는 휴대폰으로 빨리 찍어서 그냥 시작하라는 것이다. 영상을 찍어서 빠르고 간단하게 편집하고 일주일에 한두 번씩 정기적으로 올리면 된다고 이야기한다. 하지만 아직도 대부분의 사람들은 유튜브를 시작하기 전에 카메라, 조명, 마이크 등을 고르는 데도 며칠이 걸린다. 장비를 구매해도 영상 편집, 자막 프로그램 등을 알아보느라 몇 주가 걸린다. 나는 몇 년 전에 구입한 저렴한 조명과 5만 원 안쪽으로 구입한 저렴한 마이크를 사용하고 휴대폰으로 유튜브 영상 및 강의를 촬영한다. '6주 만에 지식창업으로 수익내기 챌린지' 프로그램에 참여하는 사람들에게도 특별한 경우가 아니라면 휴대폰과 저렴한 장비를 사용하라고 이야기한다. 잊지 말자. 시작하는 단계에서는 장비를 구입하는 것이 문제가 아니다. 꾸준히 사람들에게 나를 브랜딩해서 알리는 것이 중요한 것이다.

나는 항상 더 쉽게, 더 빠르게, 더 적은 에너지로 결과를 내는 방법을 찾으려고 연구한다. 그렇기 때문에 장비 구입에 돈을 쓰기보다는 자동화 시스템을 만드는 곳에 비용을 지불하는 것을 선호한다. 내가 한 달에 15만 원 정도 하는 프로그램을 사용하고 있다고 이야기하면 처음에는 깜짝 놀라는 사람이 많다. 매달 15만 원씩 비싼 금액을 지불하면서 꼭 써야 하냐고 묻기도 한다. 물론 프로그램을 사용하지 않아도 된다. 대신 본인이 직접 때마다 단체와 개인에게 메일을 보내고, 일일이 계좌 입금확인을 하고, 엑셀파일을 정리하면 된다. 관리해야 하는 수강생이 한 명이라면 힘들지 않을 수도 있다. 하지만 20명, 30명, 100명 이상이라면 어떨까? 입금 확인과 강의실 링크 전송하는 일로만 한나절을 보낼 수 있다. 결국 당신은 대신 일하는 로봇을 만드는 것에 실패했다는 것을 어느 순간 깨닫게 될 것이다. 로봇 옷을 입고 본인이 일하고 싶지 않다면 로봇을 만드는 것에 집중하기를 바란다.

진지하게 한 달 커피값인 약 15만 원으로 당신은 무엇을 할 수 있을지 생각해보는 시간을 갖기를 바란다. 그 15만 원으로 사업을 시작했다가 망하면 어떻게 하냐고? 당신이 성실하게 올바른 방법으로 사업을 했다면 실패할 가능성이 낮겠지만 실패했다고 해도 괜찮다. 실패의 결과는 단지 한 달 커피값을 날린 금액이다. 실패하면서 얻은 경험치가 15만 원보다 컸을 것이다.(물론 이것은 성실하게 올바른 방법으로 했는데도 실패했을 경우이다.)

만약 그 실패 확률을 낮추고 싶다면 제대로 된 방법을 알려주는 사람을 찾아서 배우길 바란다. 교육비가 두세 달 커피값을 합쳐야 한다고 할지라도 목적지에 이르는 시간과 에너지를 많이 줄여준다면 그 가치는 훨씬 클 것이다.

04

성공을 가로막는 마음속 장애물 4가지

창업은 원래 쉽지 않은 일이지만 장애물이 있는 상황에서 창업을 하는 것은 더 어렵다. 그렇기 때문에 성공을 가로막는 장애물들을 미리 알고 치우고 시작하는 것이 좋다. 여러 장애물 극복 과정 중에서도 나는 항상 강의에서 기업가 마인드를 가지라고 강조를 한다.

마음속에 스스로 세워둔 장벽이 있을 경우 세계 최고의 전략과 시스템을 알려준다고 해도 성공할 수 없을 것이기 때문이다. 이번 꼭지에서는 나의 성공을 가로막는 마음속 장애물 4가지를 알아보고 극복할 수 있는 방법에 대해 이야기해보자.

마음속 장애물 1: 두려움

"사업은 아무나 하나. 나는 사업가 재목이 아니야."

"창업하는 사람들 대부분 망한다던데…."

"수입이 일정하지 않을 텐데…."

"현재 회사에 다니고 있어서(혹은 집에서 육아를 하느라) 새로운 일을 할 시간이 없어."

대부분의 사람들이 창업을 생각할 때 일반적으로 이런 마음을 가진다. 마치 창업을 하지 않을 이유를 찾는 사람인 것처럼 모든 방면을 부정적인 생각으로 채우고 두려워한다. 미국의 배우인 에드 헬름스(Ed Helms)는 이렇게 이야기했다.

"두려움을 겁내서는 안 된다. 그것을 통해 당신은 더 예리해질 것이고, 도전하게 될 것이고, 강인하게 될 것이기 때문이다. 만약 그런 두려움으로부터 도망가려 한다면, 당신은 최고의 당신이 될 수 있는 기회로부터도 도망가게 될 것이다."

당신이 사업을 시작하는 데 드는 여러 두려움에서 도망치려 한다면 당신은 성공할 수 있는 기회로부터도 도망가는 것이다. 막연히 두려워하고 포기하기보다는 도전하자.

대부분의 사람들은 자신이 강의를 두고 강의료를 받을 만큼 충분하지 않다고 생각한다. 내 강의를 듣는 사람들은 내가 세계 최고의 온라인비즈니스 전문가이기 때문에 나에게 배우는 것이 아니다. 이 책을 읽고 있는 당신도 내가 최고의 온라인 비즈니스 전문가여서 책을 고른 것은 아닐 것이다. 하지만 상대적으로 인터넷 상황도 좋지 않은 아프리카에서 지식창업을 했고, 온라인 강의로 원하는 만큼의 수익을 내고 있다는 이유 때문에 당신은 나에게서 그 방법을 배우고자 하는 것이다.

당신도 충분히 많은 정보를 가지고 있을 수 있다. 다만 사람들은 항상 위쪽을 바라보고 있기 때문에 그들과 비교해서 당신은 충분하지 않다고 생각한다. 하지만 아래쪽을 바라보자. 당신의 경험과 지식은 아래쪽의 누군가에게는 소중한 정보일 수 있다. 그리고 당신이 같은 주제로 지속해서 시간을 쓸수록 당신의 능력은 점점 올라갈 것이다. 지금은 레벨 3일지라도 오늘부터 레벨 1과 2를 도와주다 보면 어느 순간 여러분은 5, 6레벨이 되어 있을 것이다.

장애물을 넘는 데 도움이 되는 몇 가지 생각에는 아래와 같은 것이 있다.

- 당신이 최고일 필요는 없다
- 당신은 많은 사람들보다 낫다

– 당신의 기술은 누군가에게 가치가 있다.

– 일을 하면 할수록 능력치는 올라간다.

마음속 장애물 3 : 인맥의 부재

로버트 기요사키의 『부자 아빠 가난한 아빠』를 읽고 '나에게도 부자 아빠가 있었다면 나도 부자가 되었을 텐데….'라는 생각을 했던 적이 있었다. 많은 사람들이 '때마다 내가 어떻게 하면 되는지 잘 알려주고 올바르게 이끌어주는 멘토가 있으면 나도 성공할 수 있을 거야.'라며 멘토를 찾아다닌다. 물론 훌륭한 멘토가 주변에 있고 당신을 도와준다면 도움이 될 것이다. 하지만 도움을 주는 사람이 없어서 본인이 성공을 못 한다고 생각하면 그것은 잘못된 것이다.

현재 당신에게 영감을 주는 인맥이 없다면 지금부터 만들어라. 당신의 친구 중에 또는 그 친구의 친구 중에 당신이 찾는 전문가가 있을 수 있다. 당신에게 필요한 그 사람들이 어디에 있을지 생각해보고 네이버 카페나 컨퍼런스, 교육장 등에서 사람들과 커넥션을 가져라. 나도 유료 강의를 들으며 알게 된 사람들과 서로 성공을 응원하고 도움을 주는 모임을 여러 개 하고 있다. 내가 운영하는 챌린지를 함께하는 사람들도 꾸준히 서로 어려운 것이 있으면 본인들이 알고 있는 방법들을 알려주면서 관계를 맺고 있다.

성격이 너무 소극적이라 오프라인으로 관계를 맺는 것이 어렵다고 느끼는 사람들은 인터넷을 활용해라. SNS와 블로그 등을 보면 개인적으로 잘 알지 못하는 사람들끼리 꾸준히 소통을 하며 관계를 만들어간다. 인터넷을 사용하는 경우 나이나 직업 등과 상관없이 인맥을 만들 수 있다는 장점도 있다.

마음속 장애물 4: 완벽주의

완벽한 사이트, 마케팅, 완벽한 사진, 멋진 로고 등 많은 사람들은 사업이 처음부터 완벽해야 한다고 믿는다. 그래서 사이트 디자인하는 방법을 배우고, 사진 찍는 기술을 익히고, 마케팅 강의를 이것저것 들으면서 시간을 보낸다. 하지만 이런 것들은 사업을 시작하는 것이 두려워서 다른 것에 더 시간을 쏟는 것뿐이다. 나도 처음에 완벽하게 해두고 싶어서 전문 프로그래머에게 웹사이트를 의뢰하고, 며칠에 걸려 로고를 만들었다. 하지만 완벽하게 꾸몄다고 생각했다가도 다시 부족하게 느껴져서 수정하게 되고 그에 따라 더 많은 시간과 비용은 계속 들어갔다.

그러니까 사업을 진행하면서 수정하고 완벽하게 만들도록 해라. 돈 버는 것은 생각보다 어렵지 않다. 모든 것을 갖추지 않아도 수입을 내기 시작할 수 있다. 당장 허술한 랜딩 페이지여도 당신이 단 만 원이라도 벌면서 시작하는 것이 디자인하느라 시간만 소비하고 시작도 못 하는 것보다 낫다.

"너무 막막하고 어려워요. 너무 많은 것들을 배워야 하고 대부분 처음 듣는 것들뿐이라 어디서부터 어떻게 시작해야 할지 잘 모르겠어요. 유명하다는 책도 읽고, 여러 강의도 참여했어요. 그런데도 막상 시작하려고 하니 아직도 어떻게 어떤 순서로 해야 할지 모르겠어요. 하나씩 스텝별로 알려주는 사람이 있으면 좋겠어요."

사실 국내에는 온라인 강의 플랫폼을 구축하는 방법에 대해서 처음부터 끝까지 알려주는 사람이 거의 없다. 내가 처음 온라인 강의를 만들 때 해외 블로그나 사이트 등에서 많은 강의 정보를 얻었다. 많은 해외 블로그와 사이트를 돌다 보니 그들에게는 비슷한 마케팅 전략을 사용하는 것이 보였고 그들이 사용하는 강의 플랫폼도 보이기 시작했다. 그들이 하는 마케팅 방법이 궁금해서 나는 한국의 여러 온라인 비즈니스 마케팅 강의들을 수강했다. 하지만 몇 달이 지나도록 내가 원하는 것을 체계적으로 알려주는 사람을 만날 수 없었다. 온라인 비즈니스를 시작하려는데 앞이 깜깜한 상태에 있는 나에게 지팡이 하나를 건네주고 그냥 가거나 "저쪽으로 가."라고 말만 하고 사라져버리는 것 같았다. 도대체 어떻게 시작해야 할지 몰랐고 하나하나의 툴이 서로 어떻게 유기적으로 엮여서 돌아가는지도 전혀 알 수 없었다.

계속 들어가는 강의료는 둘째 치고 내가 오픈할 강의 준비만으로도 정신없는 와중에 괜히 다양한 곳에 시간과 에너지만 쏟고 있는 것 같은 기분이 들었다. 결국 전문가에게 맡겨야 하겠다는 생각이 들었다. 그래서 웹사이트는 프로그래머에게, 블로그는 대행업체에, 인스타그램은 마케팅 전문 업체에 맡기는 방법을 쓰기 시작했다. 초기부터 돈이 많이 들어갔고 체계가 잡히지 않은 상태에서 시스템 구축을 먼저 들어갔기 때문에 어떤 부분에 어떻게 도움을 받아야 하는지 모르는 채 좋다고 하는 것은 일단 시작했다. 결국 나의 투자금은 금세 바닥을 보였다. 그리고 그렇게 많은 노력과 돈을 들인 첫 강의는 보기 좋게 실패했다.

한 번의 실패 후 나는 해외의 온라인 비즈니스 크리에이터들을 찾기 시작했다. 해외에서는 전문가가 아닌 일반 블로거들도 흔하게 사용하는 방법들을 나라고 못 쓸 것 같지는 않았다. 다시 강의들을 듣는 시간이 시작되었다. 모든 강의는 영어로만 진행되기 때문에 컴퓨터 한쪽에는 번역기를 켜두고 강의를 들었다. 학교 다닐 때 듣기평가를 했던 것처럼 듣고 받아쓰고 정리하는 파일들이 쌓여갔다. 또 한 번도 들어본 적 없었던 생소한 프로그램들을 사용해야 해서 그 프로그램들을 제대로 익히는 데도 오랜 시간이 걸렸다. 하지만 결국 몇몇 강의를 듣고 난 후 그들이 사용하고 있는 다양한 온라인 비즈니스 방법을 알게 되었고 이런 방법을 우리나라의 다른 사람들에게도 알려야겠다고 생각했다. 이것이 내가 '기업가 연구소 보스랩'을 시작하게 된 계기다.

마크 한센(Mark Victor Hansen; 미국의 영감과 동기 부여 연사, 트레이너 및 작가)은 아래와 같은 말을 했다.

"모든 것이 완벽할 때까지 기다리지 마라. 세상에 모든 것이 완벽한 때란 없다. 어느 시기에도 도전, 장애물, 완벽하지 않은 상황이 있기 때문이다. 그렇기에 지금 바로 시작하라. 한 걸음 한 걸음 나아가다 보면, 조금씩 더 강해질 것이고, 조금씩 더 실력이 쌓일 것이고, 조금씩 더 자신감이 생길 것이고, 조금씩 더 성공하게 될 것이다."

마음속 장애물이 없는 시기는 없다. 내가 잘하고 있는 것일까? 하는 순간들도 찾아온다. 그렇기 때문에 장애물이 없는 완벽한 때를 기다리지 말고 지식창업을 해보고 싶다고 마음먹은 지금 바로 한 발을 내딛기를 바란다.

05

수익성 있는 강의 아이디어 찾는 방법

내가 처음 온라인 강의를 해야겠다고 마음먹었을 때 강의 주제를 찾는 것에만 몇 달이 걸렸다. 어떤 날은 주변에 보이는 모든 것들이 좋은 강의 아이디어로 보여서 선택하기 어려웠고, 어떤 날은 모두 다른 사람들은 관심 없어할 것 같은 것들로 보였다. 주제를 선택해서 몇 주간 준비하다 가도 어느 날 더 좋은 주제가 보여서 바꾸기도 했다.

강의 주제를 선택하는 데 중요한 것이 무엇인지, 내 아이디어가 수익성 있는지 여부를 확인하는 방법을 알지 못했다. 강의를 시작하려고 나에게 오는 많은 사람들이 수익성 강의 아이디어를 찾는 데 어려움을 갖는다.

강의를 만들기 전에 강의 아이디어를 명확히 해야 한다. 최고의 강의 아이디어는 당신이 강의하고 싶은 것이면서 동시에 이상적인 잠재고객이 가치 있다고 느끼고 원하는 것이어야 한다. 당신이 가진 노하우나 능력이 고객들이 직면하고 있는 어려움 해결에 도움이 되는 것을 찾아야 한다.

어떤 것으로 시작해야 할지 잘 모르겠다면 자신이 잘 알고, 잘하고, 좋아하는 것부터 시작하자. 내가 잘 알고, 잘하는 것이 무엇인지 모르겠다면 빈 종이와 펜을 가지고 와서 아래 질문들에 대해 생각나는 것들을 적어보자. 리스트를 적을 때는 강의 아이디어가 될 수 있을지 여부를 스스로 판단하지 말고 사소한 것까지 가능한 많이 적어보는 것이 중요하다.

Q1. 주변 사람들이 "너 이거 참 잘한다."라고 이야기하는 일은 무엇입니까?

아마도 주변에 누군가가 당신에게 "너 이거 참 잘한다."라는 이야기를 한 경험이 있었을 것이다. 목소리가 좋다, 음식을 잘한다, 화장을 잘한다, 주차를 잘한다, 아이들 진학 정보를 잘 안다 등 다양한 것들이 있을 것이다. 어렸을 때 상을 받았던 기억을 떠올려 적어도 좋다. 그런 기억들을 떠올려서 아주 사소한 것부터 모두 적어보자.

후배에게 엑셀, 파워포인트 등을 만드는 일을 도와주었거나 친구 연애 상담을 해주었던 일, 여행가는 지인에게 맛집을 알려주었던 일도 좋다. 과거에 주변 사람들을 도와주었던 것들을 생각해보고 종이에 적어보자.

다른 사람들을 보면서 '왜 이런 일을 못하지?'라고 신기하게 생각한 적은 없었는지 생각해보자. 당신은 너무 쉽게 할 수 있는 일을 다른 사람이 어려워하는 경우가 있다. 나의 지인 중에 한 명은 옷을 정말 잘 고르는 사람이 있다. 나는 마네킹이 입고 있지 않으면 옷걸이에 걸린 옷 모습만으로는 입은 모습을 그리지 못한다. 그래서 매장에 직접 가기보다는 온라인으로 사람들이 입은 모습을 보고 구입하는 경우가 많다. 그런데 그녀는 세일 코너의 옷걸이에 걸려 있지 않은 옷들 사이에서도 예쁜 옷들을 잘 골라낸다. 옷 고르는 센스를 타고났다. 혹시 이렇게 타고난 센스가 있다면 적어보자.

아무런 제약이 없는 완전히 자유로운 한 달이 당신에게 주어진다면 하고 싶은 일을 생각해보자. 평소에 배우고 싶었던 일이나 해보고 싶었는데 시간이 없어서 못 했던 일에는 어떤 것들이 있는지 생각해보고 적어도 좋다. 가능할까? 배우는 데 돈이 얼마나 들까? 이런 생각은 하지 말고 모두 적어보자.

리스트를 적었으면 그중에서 당신이 하고 싶은 것들 3가지 정도를 골라 표시해보자. 다른 사람들이 잘한다고 하고 내가 다른 사람들을 많이 도와줬던 일이라도 당신이 즐거운 일이 아니라면 오랜 시간 같은 주제로 강의를 하기는 어렵다. 나는 아프리카에서 지내면서 한국 빵들이 그리울 때마다 만들어서 먹고 다른 분들께도 드리는데 주변에서 아주 인기가 좋다. 혹시 만들어서 팔 계획이 있다면 주문하고 싶다는 사람들이 있을 정도다. 하지만 정작 나는 만들어서 팔 정도로 빵 만드는 것을 좋아하지는 않는다. 이렇듯 주변에서 잘한다고 하지만 더 이상 그 일을 하고 싶지 않다면 선택하지 않는 것이 좋다. 오랜 시간 이 주제를 가지고 강의를 할 것이다. 어떤 것에 당신의 열정을 가질 수 있는지 생각해봐라.

강의 주제를 선택할 때 그 분야의 최고가 될 필요가 없다는 점을 명심해라. 강의를 듣는 사람들보다 몇 걸음 더 나아가 있는 위치에서 결과를 얻은 방법을 다른 사람들에게 가르칠 수만 있으면 된다.

내 강의 수강생 중에 초등 신문활용교육(NIE)을 하는 B가 있다. 처음에 그녀는 집에서 꾸준히 그녀의 아이들에게 어린이신문을 읽히고 함께 이야기하는 시간을 갖고 있었다. 우연히 그녀의 신문교육에 대해 알게 된 몇몇 아이 친구 엄마들이 신문은 어떤 것을 구독하는 것이 좋은지, 스크랩과 대화는 어떤 식으로 하는지 등 이것저것을 물었다. 그리고 어느 날 B의 아이가 쓴 글이 어린이 신문에 실리게 되면서 더 많은 문의가 들어왔다. 이렇게 주변 반응이 좋다 보니 매달 신청자를 받아서 하는 초등 NIE 강의를 만들었고 현재 1년이 넘게 하고 있다.

  그녀도 처음에는 본인이 NIE지도사 자격증을 가지지도 않았고 국어를 전공하거나 아이교육 경험이 있는 것이 아니라서 다른 아이들에게 코칭을 한다는 것이 겁이 났다고 한다. 하지만 수업을 신청하는 엄마들은 그녀의 전공이나 자격증 여부가 중요하지 않았다. 그들에게는 매일 TV와 휴대폰 게임을 보던 아이들이 신문을 스크랩하게 된 모습이 중요했다. 알아들을 수 없는 이상한 줄임말만 쓰던 아이가 환경오염 문제의 심각성을 이야기하고 다가온 우주여행에 대한 소식을 이야기한다는 후기가 매주 올라온다. 그녀가 해당 분야의 최고는 아니지만 그녀 강의의 만족도는 최고이다. 매달 전국에서 100명에 가까운 신청자들이 그녀의 NIE 수업을 신청한다.

  앞서 여러분이 3가지 주제를 선택했다면 이 주제로 강의를 만들었을 때 수요가 있는지 확인하는 것이 꼭 필요하다. 좋은 아이디어라고 생각한다고 해서 시장이 있다는 의미는 아니다. 사람들은 당신의 강의로 본인이 가진 문제점이 해결되기를 바란다. 그렇기 때문에 선택한 주제에 대한 사람들의 힘든 점, 불만, 문제점 등이 무엇인지 알아보는 시간이 필요하다. 가족 및 친구 등 지인을 포함해서 인스타그램 같은 소셜미디어에 다음과 같은 질문을 해보자.

−○○과 관련하여 가장 큰 불만은 무엇입니까?
−당신이 가장 바라는 점이나 꿈은 무엇과 관련이 있습니까?

예를 들어서 당신이 요리하는 것을 강의 주제로 잡았을 경우라면, '나는 사람들이 요리하는 것에 도움을 주고 싶은데, 어떤 점이 어렵니?', '네가 요리를 할 때 힘든 점이 뭐야?', '네가 특별한 날 해주고 싶거나 받고 싶은 테이블은 어떤 것이니? 같은 질문을 해보는 것이다. SNS에 이런 질문을 했을 때 답변을 주는 사람들에게 더 다양한 질문을 해서 최대한 많은 이야기를 듣는 것이 좋다. 만약 질문에 대한 반응이 별로 없을 경우 그 주제에 관심이 없어서일 수도 있다. 그럴 경우 다른 주제의 질문으로 넘어가서 다시 알아보면 된다.

함께 운동 챌린지에 참여하면서 알게 된 C가 있다. 온라인 홈트로 다이어트를 하는 챌린지였는데 참가자 모두에게 식단조절이 제일 어려운 부분이었다. 챌린지에는 식단을 사진으로 공유하는 것이 미션 중에 하나였는데 대부분은 샐러드에 닭가슴살 사진 정도였다. 그런데 그녀의 식단은 다이어트식이 맞나 싶을 정도로 맛있어 보였고 다양했다. 특히나 그녀가 만드는 밀가루 없는 단백질 빵 종류는 서로 레시피를 알려달라고 난리였다. 그녀는 나의 조언으로 유튜브와 인스타그램을 꾸준히 하면서 다이어트 식단 멤버십을 만들었다. 그녀는 회원들에게 일반 다이어트식을 판매도 하고 치팅데이에 부담없이 먹을 수 있는 저칼로리, 고단백질 음식 만드는 방법도 알려준다. 그녀는 요리 재능과 다이어트에 대한 관심을 모아서 새로운 것을 만들어서 성공한 사례를 보여준다.

당신이 열심히 온라인 강의를 만들었는데 잠재고객들의 관심사와 맞지 않아서 판매가 이루어지지 않는다는 것은 정말 괴로운 일이다. 그렇기 때문에 당신의 시간과 에너지를 쏟기 전에 먼저 조사에 시간을 들이길 바란다. 생각하는 주제에 대한 유튜브 영상이나 온라인 강의 등을 찾아서 보고 그 분야에 관심 있는 사람들을 찾아서 네이버 카페, 페이스북 그룹 같은 온라인 커뮤니티나 각종 관련 교육장에도 찾아가서 활동해보라. 크몽, 탈잉, 클래스 101 같은 국내 유명 오픈 강의 플랫폼에서 관련 주제와 관련해서 어떤 강의나 전문가 서비스가 있는지 살펴봐라. 국내뿐 아니라 유데미(Udemy) 등의 해외의 강의 플랫폼도 한번 쭉 보면서 아이디어를 찾는 것도 추천한다. 다이어트, 요리 같이 이미 하고 있는 사람들이 많아도 앞의 사례처럼 2가지를 접목해서 새로운 아이디어를 만들 수 있다는 점을 기억하고 사람들이 필요로 하는 것들을 계속 조사해라.

06

하루 한 시간, 변화가 일어나는 시간

여기 A와 B 두 사람이 있다. 둘 다 이름을 들으면 누구나 알 만한 큰 회사에서 능력을 인정받으며 일하고 있다. 그들의 일정표에는 항상 처리해야 할 바쁜 일들로 가득 차 있다. 하루 종일 빼곡한 계획들을 바쁘게 처리하고 돌아와서도 소중한 가족들과의 시간도 지키기 위해 항상 노력한다. 어느 날 A는 두 아들과 함께 장난감 기차놀이를 하며 시간을 보내고 있었다. 그런데 문득 그의 아들이 그에게 "아빠, 왜 휴대폰을 보고 있어?"라고 물었다. 그는 그 순간 휴대폰으로 메일을 확인하고 있었던 것이다. 그는 아이들과 함께 보내는 시간을 온종일 기대했고 마침내 그 시간이 왔는데, 사실은 그 자리에 본인이 있지 않았음을 깨달았다. 그리고 그는 무엇인가 잘못되었음을 느꼈다. 사실 그는 스스로 집에서 알찬 시간을 보낼 수 있도록 생산적으로 일하고 있다고 생각하고 있었다. 그렇지만 결론적으로는 그렇지 않았다는 것을 알게 된 것이다. 아침에 200개였던 읽지 않은 이메일을 자정에 0개로 만들었다고 해서 그날이 성공한 하루인 것은 아니었다. 그는 항상 온라인에 접속해 있느라 아이들과 충분히 함께하지 않았고 책을 쓰겠다는 중요한 '언젠가의' 목표도 계속 미루고 있었다. 다른 사람들의 이메일, 다른 사람들의 상태 업데이트 등에 반응하느라 너무 바빴기 때문이다.

B의 경우도 비슷했다. 그는 아내와 몇 년 동안 함께 긴 항해를 떠나는 꿈이 있었다. 하지만 매일매일 바쁘게 걸어가고 있었지만 그 꿈을 향해서는 한 발자국도 나아가지 못하고 있었다. A와 B는 더 중요한 것을 할 수 있는 시간을 설계하는 실험을 하기 시작했고 그 결과는 '스프린트'라는 프로세스로 나왔다. 이 내용은 제이크 냅과 존 제라츠키가 쓴 『메이크 타임』 속에 나온 실제 그들의 이야기이다. 그들은 각각 전 구글 수석디자이너와 전 구글 디자인 파트너였다.

많은 시간관리 관련 책들을 보면 시간을 효과적으로 쓰기 위해 그날 해야 할 일 리스트를 작성하고 허투루 쓰는 시간이 없도록 알차게 보내라고 한다. 그리고 실제로 많은 사람들이 '오늘 해야 할 일' 리스트를 하나씩 지워가면서 오늘도 알찬 하루를 보냈음을 확인한다. 하지만 우리의 인생에서 진정한 중요한 일들은 그 리스트 안에 들어가 있지 않은 경우가 많다. 제이크와 존에게는 책을 쓰는 것과 가족과 요트 여행을 가는 것이 바로 인생에서 중요한 일이었지만 정작 바쁜 하루 일정에는 그것을 할 시간은 남아 있지 않았던 것처럼 말이다.

이것은 시간 관리에서 긴급성보다는 중요도에 따라 행동해야 한다는 의미의 80/20 법칙과 일맥상통한다. 80/20 법칙은 80%의 효과는 20%의 노력으로 얻어진다는 법칙으로 경제학자인 파레토(Pareto)가 소득과 부의 관계를 연구하다가 발견한 것이다. 이 법칙을 개인에게 적용하면 20%의 중요한 일에 노력을 집중하면 성공적인 삶을 살 수 있다는 결론이 나온다. 당신이 회사에서 근무하는 시간과 잠을 자는 시간을 제외한 시간의 80%는 어떤 활동을 하는지 생각해보자. 항상 시간이 없다고 하지만 혹시 유튜브를 보면서, 인터넷 기사를 확인하면서, 넷플릭스를 보면서 보내는 시간이 있지는 않은지 잘 생각해보자.

'언젠가는 돈을 많이 벌어서 해외여행을 할 거야.'
'언젠가는 회사를 그만두고 내가 하고 싶은 일을 할 거야.'
'언젠가는 아이들을 다 키우고 어렸을 때부터 하고 싶었던 그림을 그릴 거야.'

우리는 '언젠가는'이라는 인생 프로젝트를 가지고 있다. 나는 더 이상 '언젠가는 프로젝트'가 의미가 없다고 느낀다. 언젠가는 ○○을 할 것이다.'라는 것은 안 한다고 하는 것과 같다. 상황이 그것을 하기에 완벽하게 펼쳐져야만 가능해지는 헛된 바람 같은 것이다. 하고 싶은 것이 있다면 그것을 위한 시간을 따로 만들어야 한다.

내 지인의 아버지는 평생을 회사에 헌신하셨다. 아들과 딸들이 한창 커가는 시기에도 항상 야근과 회식 때문에 늦으셔서 아빠와 함께하는 시간이 적었다. 그러다 보니 사춘기 때부터는 아빠와 함께하는 시간이 잠시라도 생기면 어색해서 일부러 친구들과 약속을 잡는 등 먼저 자리를 피했다고 한다. 아버지는 정년퇴직을 앞두신 어느 날 가족과의 술자리에서 이제 가족들과 여행도 하고 다른 가족들처럼 지내고 싶다고 이야기하셨다고 한다. 그래서 첫 가족 해외여행을 계획했고 내 지인도 월급의 일정액을 적금에 넣으며 돈을 모으고 있었다. 그렇게 몇 달 동안 원하던 가족여행을 기대하며 나에게도 여행에 대해 이것저것 묻던 지인에게서 어느 날 연락이 왔다. 아버지가 돌아가셨다는 것이었다. 얼마 전 지인의 아버지는 췌장암 3기 판정을 받으셨고 이미 암 진행이 많이 이루어진 상태여서 수술도 못 해보고 계시다가 돌아가셨다는 소식이었다. 장례식장에 찾아간 나에게 내 지인은 "예전에 너희 가족이 베트남으로 가족여행 간다는 이야기를 듣고 언젠가는 우리 가족도 해외여행을 갈 수 있을 거라고 생각했는데 결국 아빠랑은 못 갔네…."라고 이야기하며 눈물짓던 모습이 아직도 기억난다.

사실 시간은 우리가 가질 수 있는 것이 아니다. 우리가 만들어야 하는 것이다. 당신이 꼭 해야겠다 하는 것이 있으면 당신은 그것을 위한 시간을 만들어야 한다. '매일 운동을 해야지.'라고 마음먹었다면 운동시간을 정하고 우선순위로 두어야지만 할 수 있다. 운동할 시간이 생길 때까지 기다린다면 언제 운동을 시작할 수 있을지 알 수 없다. '언젠가는' 하려고 했던 일들을 바로 시작하도록 시간을 설계해보자.

나는 대학에 다닐 때 리포트를 항상 벼락치기로 작성해서 제출했다. 어떤 때는 제출일 전날 밤을 새서 리포트를 완성하고는 새벽에 잠시 잠이 들었다가 수업에 늦어서 리포트를 제출하지 못할 뻔한 날도 있었다. 기한을 넉넉히 주시더라도 매일매일 조금씩 하는 것은 이상하게 집중이 되지 않는 것 같아서 미루다가 제출 날짜를 일주일쯤 남겨뒀을 때에서야 시작했다.

매년 5~6월에는 다이어트 보조제나 운동 프로그램들이 인기가 높다. 여름휴가를 앞두고 급하게 몸만들기를 하려는 사람들이 많기 때문이다. 왜 7~8월에 여름휴가가 있다는 것을 알면서도 미리미리 건강하게 몸 관리를 하지 못하고 매년 급하게 무리하며 다이어트를 하는 것일까?

이는 1955년, 영국의 역사학자이자 경영연구가인 파킨슨(Northcote Parkinson)이 『이코노미스트(Economist)』에 기고한 풍자 에세이에서 유래한 '파킨슨 법칙'으로 설명된다. '파킨슨 법칙'은 어떤 일이든 주어진 시간이 소진될 때까지 늘어진다는 내용이다. 이 법칙에서 추후 다양한 부수적인 추론들이 만들어졌는데 그중에서도 스톡 샌포드 추론과 호스트만 추론이 흥미롭다.

스톡 샌포드 추론 (Stock-Sanford corollary)

'마지막 1분까지 미루는 일은 1분 내에 해낼 수 있는 일이다.'

호스트만 추론 (Horstman's corollary)

'업무는 주어진 시간에 맞게 조정된다.'

이 추론들에 의하면 우리는 시간이 없어서 어떤 일을 못 하는 것은 아니라는 생각이 든다.

회사에 다니면서 퇴근 후에 시간을 아껴서 하루에 40분씩 나의 6주 챌린지에 참여한 D가 있었다. 그녀는 6주 후에 약 40만 원 정도의 수익을 냈고 처음 해보는 본인의 강의를 신청하는 사람이 있다는 것에 너무 신나했다. 그렇게 과정이 끝난 후 한동안 소식을 들을 수 없었던 그녀에게서 다시 연락이 온 것은 약 여섯 달 후였다. 마스터 클래스에 참여하고 싶은데 다음 일정이 어떻게 되는지 묻는 연락이었다. 오랜만의 연락에

반가웠던 나는 그녀의 근황을 물었다.

그녀는 6주 챌린지 후 처음에는 수익을 냈다는 것 자체가 신기했지만 얼마 후에 더 많은 수익을 낸 몇 명의 다른 참가자들 소식에 속상했다고 한다. 그래서 퇴근 후 2~3시간씩 일에 매달리다 보니 매일 새벽에 잠이 들어 한동안 4시간 정도만 자면서 회사에 다녔다고 했다. 결국 회사 업무에 지장이 생겨서 한 가지에 집중하자는 생각에 회사까지 그만뒀다. 하지만 시간이 많아졌는데 오히려 진도가 전만큼 나가지 않았다. 예전 챌린지 때는 40분 안에 강의도 듣고 라이브도 했었는데 혼자 하려니 라이브 준비만 2시간이 걸렸단다. 그래서 결국은 다시 나의 도움을 받고자 찾아왔고 그녀는 마스터 클래스 과정을 함께했다.

하루에 40분의 시간으로 수익 내기를 원한다면 다음의 3가지를 명심해야 한다.

첫 번째 집중!

과정을 시작하고 돈을 버는 데 진정으로 집중해야 한다. 단순히 돈을 벌었으면 좋겠다 정도로는 안 된다. "나는 돈을 많이 벌 것이다."라고 믿고 전념해라. 이 일은 다른 일과 비교했을 때 특별히 어려운 일은 아니다. 하지만 집중해야지만 이루어진다. 집중하고 전념해라.

두 번째 지속성!

마크 저커버그(Mark Zuckerberg; 페이스북 개발자)는 '잠깐 뜨거운 열정보다 더 중요한 것은 열정의 지속성이다.'라며 지속성의 중요성을 이야기했다. 결국 성공하는 사람들은 멈추지 않고 계속하는 사람이다. 나도 처음부터 강의를 잘 만든 것도 아니고 말을 잘하지도 못했다. 그렇지만 반복해서 하다 보니 조금씩 나아지고 있는 중이다. 그래서 처음부터 많은 시간을 들이는 것도 나는 추천하지 않는다. 초반에 100m 달리기를 하듯이 달리다가 중간에 지쳐서 쓰러지는 경우가 오히려 많았기 때문이다. 마라톤을 하듯이 조금씩 그러나 오래 계속 앞으로 나아가라.

세 번째 명확한 목표!

지금 바로 온라인 비즈니스에 대한 명확하고 구체적인 목표를 적어라. 언제, 어떤 강의를, 또 강의로 얼마를 벌길 원하는지 적어라.

사람들은 누구나 적게 일하고 많이 벌기를 원한다. 하지만 정작 시간이 없다고 하는 사람들 대부분은 소중한 자신의 시간을 어떻게 써야 하는지를 잘 모른다. 챌린지에 참여하며 6주 만에 '나도 꼭 수익을 내야지.'라고 마음먹는 참가자들은 어떻게 해서든 시간을 만들어낸다. 새벽에 일찍 일어나거나 잠자리에 늦게 들거나 저녁식사 후에 무심코 유튜브를 보던 시간을 활용하기도 한다. 당신에게 필요한 것은 많은 양의 시간이 아

니라 명확한 목표와 집중력이다. 하루 1시간이면 당신의 인생에서 변화
가 일어나기에 충분한 시간이다.

07

작심삼일 의지박약이 성공하는 방법

"어떻게 이런 방법들을 알아내셨어요?"

내 자동화 강의를 듣는 사람들은 이렇게 이야기한다. 한 달 치 분량인 20~30개의 피드를 4시간 만에 만드는 방법, 인스타그램에 자동으로 포스팅이 되도록 하는 방법, 1년 동안 정기적으로 발송되는 이메일을 설정해두어 단계별로 고객에게 맞는 정보를 자동으로 보내주는 등의 방법을 알려주면 처음 보는 프로그램들에 다들 신기해한다. 하지만 사실 이런 방법들을 알아낸 이유는 내가 작심삼일 의지박약이기 때문이다.

디자인 감각도 없고 글 쓰는 재주도 없는 나는 매일 소셜미디어를 하는 것이 너무 곤욕이었다. 최대한 자주 새로운 콘텐츠를 올려야 내 계정

지수도 올라가고 다른 사람들에게 노출이 많아져서 홍보를 하거나 신뢰도를 쌓을 수 있다 그런데 나는 새로운 콘텐츠를 하나 만드는 데 2~3시간은 기본으로 걸렸다. 그러다 보니 점점 새로운 글을 올리는 것이 부담이 되어 콘텐츠를 올리는 횟수도 줄어들었고 팔로워나 블로그 이웃들과의 소통도 줄어들게 되었다. 자꾸 정기적으로 새 글을 올리지 못하자 1일 1포스팅 챌린지에도 참여했지만 글 하나 쓰는 시간과 노력의 양이 줄지 않으니 한 달 동안 힘들게 챌린지를 성공시킨 후 다시 활동 안 하는 생활이 반복되었다. 그래서 기왕 해야 하는 것이라면 좀 더 편한 방법이 없을까 하고 꼼수를 부리기 시작했다. 그렇게 나의 자동화 시스템은 시작되었다.

나는 마케팅 및 잠재고객과의 신뢰 구축을 위해서 정기적으로 인스타그램, 블로그, 유튜브 같은 소셜미디어에 게시물을 올리는 것을 추천한다. 소셜미디어 계정을 성장시키는 것은 먼저 지속적으로 새로운 글이나 영상, 사진 등을 게시하는 습관을 만드는 것부터 시작된다.

먼저 사진, 글, 영상에서 본인이 꾸준히 새로운 콘텐츠를 만들기 편한 한 방법을 선택해라. 사진을 올리는 것이 편하다면 인스타그램을 시작하고 글 쓰는 것이 상대적으로 쉽다면 블로그를 이용하는 것이다. 유명 인플루언서들은 하루에도 여러 개의 새로운 게시물을 올린다. 몇 분 사이에도 수십, 수백 개의 게시물이 올라오는 소셜미디어에서 최대한 자주 눈에 띌 수 있도록 하는 것이다. 하지만 시작하는 단계부터 하루에 대여섯 개의 새로운 게시물을 올리는 것은 힘이 든다. 그래서 우선은 어느 정도의 기간 동안(최소 한 달 이상) 꾸준히 올리는 습관을 만드는 것이 좋다. 나는 최소 한 달 이상에서 60일 정도 습관 만드는 기간을 두기를 추천한다.

어느 정도 새로운 게시물을 올리는 것에 익숙해졌다면 시스템을 구축해야 한다. 한 달 이상의 시간 동안 꾸준히 게시물을 올리고 팔로워들과 소통을 하면서 어떤 콘텐츠가 인기가 있는지, 어떤 콘텐츠가 조회수가 낮았는지, 대중들은 어떤 콘텐츠를 원하는지 등을 확인할 수 있었을 것이다. 그럼 그때부터 콘텐츠를 일괄로 처리하는 방법, 콘텐츠를 예약하는 방법과 같은 시스템을 사용하면 효과적이다. 여기서 중요한 것은 초기에 본인이 직접 콘텐츠를 만들고 소통하는 테스트 기간을 거쳐야만 자동화 시스템이 효과를 볼 수 있다는 것이다. 이렇게 최소 한 달 동안 일관성을 유지하는 습관을 통해 수집한 데이터를 기반으로 시스템과 워크플로를 개발했다면 3단계로 넘어갈 차례이다.

3단계는 횟수를 늘리는 것이다. 처음부터 여러 개의 콘텐츠를 만드는 것은 어려웠기 때문에 일주일에 한두 개의 새로운 콘텐츠를 올렸다면 이제 일주일에 네다섯 개의 새 콘텐츠를 올리는 것이다. 처음부터 네다섯 개의 콘텐츠를 올리려고 했다면 한 달도 채우지 못하고 지쳤을 것이다. 하지만 처음에는 지속할 수 있을 정도의 양인 한두 개로 시작하는 것이다. 두 번째 단계에서 자동화하는 시스템을 잘 구축해두었다면 네다섯 개의 콘텐츠를 만드는 데 처음처럼 어렵지 않을 것이다. 만약 여러 개의 콘텐츠를 올리는데도 반응이 별로 없다면 다시 대중이 원하는 것이 무엇인지 파악하는 1단계로 돌아가서 실험을 다시 하는 시간을 갖기 바란다.

온라인 강의를 올리는 플랫폼를 선택할 때도 나는 좀 더 쉽고 빠르게 일을 처리할 수 있는 것을 찾는 것이 최우선이었다. 비메오(Vimeo)와 티처블(Teachable)을 잠시 사용해봤으나 강의를 올리고 수강생에게 링크를 전달하는 것까지만 사용하기 편했다. 그러나 그 외의 랜딩 페이지를 만들거나 세일즈 파이프라인을 만드는 것은 따로 시스템을 사용해야 했다. 구매하려다가 최종적으로 결제하지 않은 잠재고객에게 다시 한번 구매를 묻는 등의 이메일 관리 기능 또한 포함되어 있지 않아서 불편했다. 내가 원하는 자동화 시스템을 구축하려면 부족한 기능들을 이용하기 위한 다른 프로그램들을 추가로 사용해야 했다. 그래서 내가 최종 선택한 플랫폼은 카자비(Kajabi)이다.

카자비를 사용하는 우리나라 사람이 정말 적다는 것을 알 수 있었던 일화가 있었다. 수강생 결제 페이지의 화폐단위에 일본 엔(JPY), 필리핀

페소(PHP) 등은 있었는데 한국 원(KRW)은 보이지 않았다. 그래서 나는 고객들이 결제 화면에서 미국 달러로 표시되는 것에 불편함을 느낄 것 같다는 생각에 카자비 고객센터에 한국 원(KRW)을 추가해줄 수 있는지 이메일로 문의를 했다. 간단하게 가능 여부를 이메일로 답변을 받을 것이라고 생각했는데, 이상하게도 내 상담을 담당했던 직원은 ZOOM 미팅을 요청하는 답변이 왔다. "왜 그러지? 내가 신청하는 것이 그렇게 어려운 일도 아닐 텐데?" 하면서 미팅에 참여했다. 그리고 그 직원에게서 나는 그들에게 한국에서 프로그램 문의가 온 경우가 처음이라는 이야기를 들었다. 또한 내가 온라인 강의 플랫폼 구축을 돕는 온라인 코스 크리에이터라고 하니 한국시장에도 잠재고객이 있음을 알 수 있는 좋은 계기가 되었다면서 다른 더 도와줄 것이 없는지 물었다. 내가 그동안 다른 한국 사용자의 카자비 이용후기를 얻고자 노력했으나 얻을 수 없었던 이유가 이해되는 순간이었다.

전 세계적으로 수백 개의 프로그램과 앱 등이 생겨난다. 모두 지금의 방법보다 더 편하고 빠르게 살아갈 수 있도록 도움을 주는 것들이다. 본인이 필요한 기능이 있다면 한번 검색해보는 것을 추천한다. 검색에 어려움이 있을 수는 있지만 웬만한 것들은 찾을 수 있을 것이다. 가능하면 필요한 기능들이 들어있는 프로그램을 찾아서 최대한 문명의 혜택을 누리면서 편하게 비즈니스 하기를 바란다.

E는 인스타그램과 블로그로 활동하면서 SNS 이웃들에게 전자책을 판매하고 있다. 그런데 얼마 전까지도 전자책 주문이 들어오면 이메일로 한 명, 한 명에게 개별 전송하고 있었다. 블로그 댓글이나 DM으로 주문을 받고 이메일로 발송하는 것이 너무 번거로워서 어떨 때는 수수료 부과를 감수하면서 크몽에서 판매하는 것을 구매하라고 링크를 남기기도 했다. 하지만 간단한 결제 링크와 파일 다운로드 기능을 넣은 랜딩 페이지를 초반에 하나만 만들어두면 시간과 번거로움에서 자유로워질 수 있다. 랜딩 페이지를 특별히 멋지게 디자인할 필요도 없다. 링크를 타고 들어오는 고객들이 확인할 수 있도록 간단한 전자책 정보와 표지 사진 그리고 결제할 수 있는 링크만 있으면 된다. 프로그램을 사용하면 결제 완료시 다음페이지에서 구매자가 직접 파일을 다운로드할 수 있도록 설정해두거나 이메일로 발송되도록 할 수 있다. 판매가 어느 정도 잘 이루어진다면 크몽 같은 플랫폼을 사용할 경우 지불하게 되는 수수료보다 편리한 유료 프로그램을 사용하는 것이 훨씬 저렴할 수 있다.

사실 내가 소셜미디어를 사용할 때나 온라인 강의 마케팅을 할 때 사용하는 자동화 프로그램들은 해외에서는 일상적으로 쓰는 것들이다. 해당 프로그램들의 이름을 유튜브나 구글에 영어로 검색하면 사용하는 방법 등을 쉽게 찾을 수 있다. 하지만 한글로 검색할 경우에는 같은 정보들을 찾기가 어렵다. 그래서 그런 툴들은 전문 마케터들이나 사용하는 어렵고 복잡한 것으로 알고 있는 경우가 많다. 종종 크몽을 보면 프로그램 하나만 설치해서 5분 안에 해결할 수 있는 일을 시간당 10만 원의 비용을 받으며 해주는 서비스들을 확인할 수 있다.

해외의 프로그램들을 사용하는 것을 너무 어려워하지 않았으면 좋겠다. 물론 사이트가 모두 영어로 되어 있어서 거부감이 들 수 있다. 하지만 우리에겐 크롬의 페이지 자동 번역 프로그램이 있지 않은가. 번역 버튼만 누르면 내가 보고 있는 웹페이지가 한글로 바뀐다. 이메일 관리 프로그램을 제대로 이용하지 못해서 일일이 참가자들에게 수동으로 이메일을 발송하던 나도 잘 쓰고 있다. Part 4에 내가 현재 사용하는 툴들을 모두 공개해 두었으니 활용해서 좀 더 쉽고, 좀 더 빠르고, 더 적은 에너지로 온라인 비즈니스를 하길 바란다.

강의를 들으러 오는 사람들 중에 편하게 돈 벌 수 있는 방법을 배우고 싶다고 하는 사람들이 종종 있다. 온라인 비즈니스는 단순히 일주일에 네 시간만 일하면서도 큰돈을 버는 일이라는 이미지가 생긴 것 같아 아쉽다. 하지만 그렇게 생각하고 시작하면 절대로 성공할 수 없을 것이라고 분명히 말할 수 있다. '나 대신 돈 벌어주는 로봇'을 만든다면서 이제 와서 무슨 이야기하느냐고? 맞다. 로봇을 만들면 경제적 자유를 얻을 수 있다. 하지만 어디까지나 로봇을 직접 만드는 과정이 먼저 필요하다는 것을 명심해야 한다. 로봇이 제대로 작동하도록 만드는 일은 쉽지 않다.

사람에 따라서 굉장히 오랜 시간이 걸리기도 하고 중간에 실패해서 작동이 안 될 수도 있다. 일주일에 네 시간만 일하고 싶은가. 그렇다면 먼저 로봇을 만드는 방법을 익히고 시간을 들여서 만들기를 시작하길 바란다.

직원이 없어도 할 수 있는 1인 창업

가정주부인 E는 어렸을 적부터 그림 그리는 것을 좋아했다. 하지만 그림은 돈벌이가 되지 않는다며 반대하시던 부모님 때문에 한 번도 그림을 제대로 배워보지 못했다. 수능 점수에 맞춰서 학과를 선택해서 대학에 진학했고 졸업해서는 그 전공과도 관련 없는 일이지만 성실하게 7년정도 근무했다. 삶에서 무엇인가 놓친 기분이 들었지만 주변에서는 다들 그렇게 사는 것이라고 이야기했다. 가끔 전시회를 가거나 핸드메이드 소품가게를 가며 '언젠가는 나도 내 그림으로 제품을 만들어보고 싶다'는 생각을 막연히 가져볼 뿐이었다. 하지만 결혼과 출산을 하면서 '그림을 그리며 살고 싶다'는 그녀의 꿈은 점점 더 멀어져 가는 것처럼 느껴졌다.

그녀의 그림 실력은 아이들과 미술 활동을 할 때만 볼 수 있었다. 그러던 어느 날 그녀는 우연히 '아이디어스'라는 수제품 판매 앱을 알게 되었다. 그리고 캐리커처를 그려서 판매하는 상품들을 보게 되었다. 전문가가 아닌 것 같은데 캐리커처를 그려서 판매하고 그 그림을 많은 사람들이 사고 있었던 것이다.

"그날 밤 잠을 제대로 이룰 수 없었어요."

그녀가 그 순간을 기억하며 이렇게 이야기했다. 그동안 '언젠가는 내 그림으로 제품을 만들어보고 싶다'고 생각했던 것이 드디어 현실이 되는 기분이었다. 아이들이 학교와 유치원에 간 시간 그녀는 그림을 그리기 시작했다. 그렇게 시작된 그녀의 캐리커처 소품 판매 비즈니스는 현재 입소문을 타서 아주 인기가 많다. 커플, 가족뿐만 아니라 반려동물 상품까지 상품도 다양해졌다. 지금은 온라인으로 캐리커처 소품 비즈니스를 하는 방법을 강의 및 코치하며 더 많은 수익을 내고 있다.

그림과 소품 판매는 물론이고 강의를 하느라 바쁘지만 그녀는 아직도 혼자 일을 하고 있다. 처음에는 종이와 물감을 사용해서 그림을 그렸다. 하지만 이제는 아이패드를 이용해서 그림을 그리고 채색까지 끝내기 때문에 훨씬 빠른 시간에 작품을 완성할 수 있다. 그림파일만 전송해주는 경우에는 재료비도 따로 들지 않았다. 초반에는 집에서 각인기를 이용해서 직접 소품에 그림을 새기느라 힘들었는데 이제는 그 작업도 모두 공장에 의뢰해서 진행하고 있다. 그녀는 강의로 그녀처럼 그림을 그리는 일을 하고 싶었던 사람들에게 도전할 수 있는 꿈을 주며 하루하루를 값지게 보내고 있다.

E의 사례에서도 알 수 있듯이 이제는 직업도 많이 변했다. 어렸을 적 그녀가 그림을 그리는 것을 반대해서 미술학원에 보내주시지 않았던 부모님은 그녀가 이런 방법으로 돈을 벌게 될 줄은 모르셨을 것이다. 또한 그림을 그리는 것을 좋아하더라도 그녀가 요즘 사람들이 어떤 것을 좋아하고 구입하는지 파악하지 못했다면 지금의 결과를 얻지 못했을 것이다. 또 아이패드로 그림을 그릴 수 있는 방법이 생기지 않았거나 그녀의 그림을 소품에 새겨주는 공장이 없었다면 많은 주문이 들어오더라도 혼자서 모두 할 수 없었을 것이다.

나는 처음에 온라인 강의 플랫폼을 셀프로 구축하는 방법을 제대로 배우지 못했다. 너무 많은 정보들이 한꺼번에 순서 없이 내 머릿속에 쏟아져 들어왔고 내가 해야 하는 것들 리스트에 파묻혀서 아무것도 못 하겠는 상태가 되었다. 어떤 사람들은 온라인 강의를 판매하려면 우선 사이트가 있어야 하니까 사이트 만드는 방법을 먼저 배우라고 했고 동시에 블로그와 인스타그램 등 소셜미디어도 꾸준히 해야 했다. 또 내가 준비하는 강의 커리큘럼을 짜고 촬영을 해야 했고 편집기술을 배워야 했다. 하루이틀도 아니고 매일 머릿속이 복잡했다. 모든 것을 포기하기 직전 '이건 내가 바라던 디지털 노마드의 삶이 아니야.'라는 생각에 많은 실무 기술을 전문가에게 맡기기 시작했다. 웹사이트는 전문 프로그래머에게 비슷한 외국 사이트들을 보여주며 "잘 아시니까 멋지게 디자인해주세요."라는 말만 하고 맡겼다. 블로그는 포스팅 광고 대행사에 맡겼다. 원고를 써서 노출지수가 좋은 블로그에 포스팅 요청을 한 것도 아니고 꼭 들어가야 하는 내용 정도만 전달하고 알아서 잘 써달라고 했다. 인스타그램은 일단 무작정 '팔로워'와 '좋아요'를 늘려달라고 마케팅 업체에 요청했다. 하나씩 있어 보이게 완성되는 모습을 보며 모든 일이 잘 완성되고 있다고 생각했다. 적어도 첫 강의를 런칭할 때까지 말이다.

결론적으로 완성된 멋진 사이트는 제대로 활용하는 방법을 익히지 못해서 관리해주는 사람을 따로 고용하게 되었다. Wordpress는 저렴한 비용과 제한이 없는 활용법 등으로 해외에서 많이 사용되는 툴이다. 구글 애드센스 같은 네이버 블로그에서는 할 수 없는 제휴 서비스도 가능하고 재피어(Zapier)등을 이용해서 다른 프로그램과 연결해서 자동화 로직을 만들 수도 있어서 굉장히 좋은 툴이다. 하지만 나처럼 컴퓨터와 특히나 친하지 않은 사람에게는 진입장벽이 있다. 결국 새로운 강의를 올리거나 할 경우에는 프로그램 구조를 우선 익혀야 가능했다. 사이트를 멋지게 만들었으나 내 마음대로 사용하지 못하는 상태가 된 것이다.

블로그와 인스타그램 같은 소셜미디어로 잠재고객을 모으려면 정기적으로 사람들의 관심을 끄는 사진이나 정보를 올려야 한다. 그러면서 자동으로 브랜딩이 되고 고객들과 신뢰를 구축하게 된다. 엄마표 영어 교육을 하고 싶다면 영어 동화책을 읽어주면서 책 추천을 한다거나 아이가 영어로 말하는 모습을 찍어서 올리면 좋다. 아니면 집에서 쉽게 만들 수 있는 영어교구들 정보를 정기적으로 올리는 것도 좋다. 그러다 보면 실제로 영어 교육에 관심이 있는 잠재고객들이 내 소셜미디어를 찾게 되고 온라인 강의가 나올 경우 구입할 가능성이 높아진다.

그런데 나는 그 기본을 잊은 채 브랜딩이 전혀 안 된 상태로 "내 강의 사주세요."라고만 외치고 있었던 것이다. 결국 나는 모든 것을 처음부터 다시 시작해야 함을 깨달았다.

나는 워드프레스를 잘 다룰 수 있을 때까지 배우기보다는 강의 플랫폼을 사용하기로 결정했다. 잘 생각해보니 나는 엄청난 기능의 웹사이트가 필요한 것이 아니었다. 내가 올리는 강의를 사람들이 쉽게 찾아보고 문제없이 들을 수 있는 정도면 충분했다. 결국 워드프레스를 배우는 시간을 소비하는 대신 플랫폼 이용료를 내고 더 빠르게 수익을 내는 것을 선택했다. 앞에서 언급한 것처럼 나는 카자비를 선택했고 이것은 아직까지 내가 사용하기에 최고의 플랫폼이다. 사이트가 직관적이라 특별히 기능을 배우지 않아도 다른 사람의 도움 없이 강의를 올리고 세일즈 퍼널을 세팅한다.

이것저것 글의 개수를 채우기 위해 아무 콘텐츠나 올리던 블로그와 인스타그램에도 모두 매일 관리하지 못하더라도 하나씩 정성들여 글을 쓰기 시작했다. 사실 온라인 비즈니스를 하려면 글쓰기를 잘해야 한다. 정보전달을 잘 하거나 카피라이팅을 잘해서 사람들을 사로잡는 것이 중요한데 이것은 그냥 생기는 능력이 아니다. 힘들게만 생각해서 누군가에게 위임하고자만 했던 나도 자꾸 콘텐츠를 만들다 보니 사진을 편집하는 방법, 미리캔버스나 망고보드, 캔바 등을 이용해서 멋진 템플릿을 디자인하는 방법, 글 쓰는 방법 등을 자연스럽게 익히게 되었다.

이렇게 본인이 직접 소셜미디어 관리를 어느 시간 동안 해보아야 어떤 점이 더 필요한지를 알게 된다. 그리고 이런 기본적인 업무 이외의 일들은 사람을 고용하는 것보다 그때그때 '크몽'이나 '숨고' 등을 이용해서 전문가들에게 도움을 요청하면 된다. 나도 지난번 블로그 상단 디자인 변경시 크몽에서 찾은 전문가에게 요청했다. 내가 하면 한나절 이상 걸릴 일을 내가 생각했던 것보다 더 멋지게 더 빠르게 만들어주었다.

미리 준비해야 할 것들이 많아서 혼자 모든 것을 할 수 있을까 걱정하는 사람들이 있을 수 있다. 우선 일의 순서를 잘 알면 차근차근 하나씩 해결해 나가면 된다. 그 순서를 모르는 사람들을 위해 '온라인 코스 만들기 10단계'에 대해 Part 3, 4에 설명해두었다. 나는 처음에 순서를 몰라서 오랜 시간 헤맸었다. 하지만 이 책을 읽는 당신은 내가 정리한 10단계를 통해 코스를 만들고 마케팅하는 일련의 과정을 바로 정리할 수 있을 것이다.

코로나로 인해 운동을 하는 것도 집에서 혼자 하는 홈트를 선호하거나 그룹 코칭보다는 1:1코칭 받는 것을 더 좋아한다. 또 인터넷의 발달로 혼자서 여러 명이 하던 일을 처리할 수 있게 되면서 1인 창업하는 사람들이 늘고 있다. 큰 사업장을 준비하거나 직원 고용을 하기 위한 큰 금액이 없는, 우리가 시작하기에 너무 좋은 사업이 바로 1인 창업이다.

PART 3

지식창업으로
성공하는 8가지 법칙

An INFOPRENEUR in AFRICA

01

온라인 강의를 시작하기 전에
알아야 할 5가지

내가 처음 온라인 강의 비즈니스를 하기로 마음먹었을 때, 내 강의를 런칭하면 큰돈을 벌 수 있다는 생각에 마음이 들떴다. 그래서 강의 프로그램을 짜고 영상을 촬영하는 데 많은 시간과 에너지를 들였고 야심 차게 첫 강의를 런칭했다. 하지만 나의 예상과 다르게 강의 판매 수익은 0원이었다. 좋은 강의를 잘 만들어서 어느 정도 홍보를 하면 많은 수강생들이 등록을 하리라 생각했는데 처참한 결과에 정말 많이 실망했다. 원인을 알아내는 과정에서 나는 마케팅 전략을 치밀하게 준비해야 한다는 것을 알아냈다. 나같이 강의 만드느라 오랜 시간 고생한 후에 안타까워하지 말고 온라인 강의를 만들기 전에 다음 5가지를 꼭 생각하길 바란다.

─강의를 어디서 판매할까?

가장 먼저 고민해야 할 것은 내 강의를 어디에서 판매할 것인가이다. 클래스101, 탈잉, 커리어리 스킬업 등과 같은 오픈 플랫폼에서 판매할 것인지 아니면 내 사이트에서 고객에게 바로 판매할 것인지 정하는 것이다. 클래스101, 탈잉 등의 오픈 플랫폼에서 강의를 런칭할 경우 플랫폼자체의 고객들이 이미 있어서 내 강의가 그 사람들에게 노출될 수 있다는 큰 장점이 있다. 반면 나와 비슷한 주제의 강의가 모여 있다 보니 그들과 경쟁을 해야 하는 단점이 있다. 또한 약 20~70%의 높은 수수료율도 큰 단점이다. 본인의 웹사이트 등 자체 플랫폼에서 강의를 판매할 경우에는 수수료도 5% 정도로 낮고 강의 금액 등을 다양하게 설정할 수 있다는 장점이 있다. 하지만 당신이 이미 유튜브 구독자나, 인스타그램 팔로워 등 잠재고객 리스트를 많이 가지고 있지 않은 경우라면 직접 고객을 모두 찾아야 한다는 점이 단점이다. 본인의 상황에 맞게 2가지 방법을 모두 장단점을 잘 따져보고 맞는 것을 선택하기를 바란다.

─잠재고객 리스트 구축

온라인 강의를 만들기 전에 잠재고객 리스트를 반드시 사전에 구축해야 한다. 내가 첫 온라인 강의를 런칭할 때 많은 시간과 노력을 들여서 좋은 강의를 만드는 것에만 집중했다. 하지만 그 강의를 사겠다고 찾아오는 사람들은 없었다. 그 당시에는 이유를 몰라서 속상했지만 지금 생각해보면 당연한 결과였다. 기존에 블로그나 인스타그램, 페이스북 같은 SNS 활동도 거의 하지 않았고 먼저 연락해서 강의 런칭을 알릴 전화번호나 이메일 주소 같은 잠재고객 DB도 없었다. 그렇기 때문에 내 강의가 좋다는 것을 알리지도 못했고, 사람들도 이런 강의가 있다는 것조차 알 수 없었던 것이다. 강의 런칭 안내글만 블로그와 인스타그램에 한두 개씩 올려두고 '정말 좋은 내용의 강의인데 왜 사람들이 안 오지?'라는 생각만 하고 있었다.

만약에 내가 꾸준히 내 강의 주제와 관련된 블로그 글이나 유튜브 영상을 꾸준히 올려서 어느 정도의 팔로워를 가지고 있었다면 어땠을까? '여러분이 관심 갖는 내용의 강의를 ○월 ○일 오픈합니다.'라는 문자나 메일 등을 보낼 수 있는 잠재고객 연락처를 1,000개, 10,000개를 가지고 있었다면 어땠을까?

─광고는 제대로 해야만 효과가 있다

처음에 이렇게 잠재고객 리스트도 없으면서 나는 어떻게 강의를 오픈하는 용기를 낼 수 있었을까? 그 당시 나는 광고의 힘을 믿었기 때문이다. 나는 평상시에 인터넷 검색을 하다가 또는 인스타그램을 하다가 뜨는 광고를 보고 물건과 강의들 구매를 많이 했다. 그래서 '내 강의도 이렇게 광고를 만들어서 여러 플랫폼에 세팅해두면 사람들이 알아서 찾아오겠구나.'라고 막연하게 생각했다. 그래서 잠재고객 리스트를 미리 구축하는 것의 필요성을 크게 못 느꼈다. 이런 생각은 나뿐만 아니라 사업을 시작하는 사람들이 흔하게 저지르는 실수 중에 하나이다.

물론 광고는 효과가 좋다. 하지만 광고는 제대로 해야만 효과가 있다. 광고비로 큰돈을 지불해서 전문 업체에 맡길 생각이 아니라면 직접 최적화된 광고를 세팅하기 위한 노력이 필요하다. 나는 당시 카카오톡 광고, 페이스북, 인스타 광고 등을 해봤었다. 하지만 광고비에 투자할 돈도 많지 않았고 최적화된 광고를 세팅하는 방법은 더더욱 알지 못해서 십몇만 원을 썼지만 광고 효과를 보지 못했다.

Part 3, 4에서 광고를 하지 않아도 잠재고객을 미리 구축하는 방법을 자세히 설명해두었으니 당신은 나와 같은 실수는 하지 않기를 바란다.

–가격대 설정

얼마 전 육아상담으로 유명한 오은영 박사의 높은 상담료 논란이 있었다. 상담료가 10분당 9만 원, 1시간으로 따지면 54만 원으로 너무 비싸다는 이야기가 나온 것이다. 하지만 곧 '오은영 박사와의 상담에서 90분에 81만 원을 지불하였고 남편과 우리 인생의 가장 값지게 쓴 돈이라고 감사해하며 나왔다'는 A의 상담 후기가 공개되었다. A씨는 본인의 트위터에 '다른 센터를 돌며 지불한 치료비, 검사비, 그럼에도 차도가 없어 생업을 포기할 뻔했던 기회비용, 무엇보다도 내 아이가 건강하고 행복한 일상 속에서 살 수 있게 된 비용이라고 생각하면 그날의 81만 원은 여전히 내 인생에서 가장 값지게 쓴 돈이다.'라며 전혀 아깝지 않다고 했다.

강의들도 몇 만 원부터 1,000만 원이 넘는 것까지 그 가격대가 정말 다양하다. 나도 몇백만 원짜리 또 천만 원이 넘는 가격의 강의도 수강했다. 사람들은 그 가격에 합당한 가치가 있다고 생각된다면 높은 가격이라도 그 가격에 강의를 구입한다. 앞의 사례의 A씨처럼 육아에 어려움이 있지만 다른 센터에 먼저 갔다고 생각해보자. 1년 동안 다른 센터에 다니면서 소비한 비용이 81만 원보다 적을 수도 있다. 하지만 안타깝게도 1년이 지난 후에도 문제는 해결되지 않았다. 오히려 생업을 포기할 생각까지 할 정도였다. 그런데 오은영 박사와의 짧은 만남 후 심각했던 문제가 해결되었다. 몇 년간 힘들었던 문제를 해결하는 데 81만 원을 지불한 것이 정말 비싸다고 할 수 있는가.

여기서 중요한 것은 합당한 가치를 전달해야 한다는 것이다. 당연히 몇 만 원짜리 강의와 1,000만 원짜리 강의는 전달하는 내용에 큰 차이가 있어야 한다. 가격대를 설정하는 것은 단순히 내 강의를 얼마에 팔까를 고민하는 것이 아니다. 강의가 담는 내용이 수강생에게 어떤 도움을 줄 수 있고 수강생의 삶을 어떻게 바꿔줄 수 있는지 진지하게 고민하는 것이다.

—강의 호스팅 방법 선택

클래스 101, 탈잉 같은 오픈 플랫폼을 이용하지 않고 강의를 호스팅하는 방법에는 여러 가지가 있다. 초창기에는 강의 영상을 유튜브나 웹드라이브 등에 비공개로 업로드해두고 강의를 신청한 사람들에게 링크와 비밀번호를 전달하는 방법을 많이 사용했다. 하지만 최근에는 무료로 이용할 수 있는 워드프레스(Wordpress)를 이용해 웹사이트를 만들어서 강의를 판매하는 방법과 티쳐블, 카자비와 같은 강의 플랫폼을 사용하는 방법, 이 2가지를 주로 사용한다.

앞에서 몇 번 언급했듯이 나는 카자비(Kajabi)라는 강의 플랫폼을 사용 중이다. 한국에서는 아직 많은 사람들이 사용하고 있지는 않지만 『백만장자 메신저』라는 책으로 유명한 브랜든 버처드가 사용하는 강의 플랫폼으로 강의 페이지 생성, 수강생 관리부터 마케팅 툴까지 모두 한 곳에서 할 수 있어서 자동화에 탁월하다.

마지막으로 내가 첫 번째 온라인 강의를 만들기로 결심한 당신에게 하고 싶은 말은 지식창업으로 월급 이상의 돈을 버는 것이 절대 허황된 것이 아니라는 점이다. 여러 책이나 유튜브에서 '지식창업으로 백만장자가 되었다, 150억 부자가 되었다.' 등등 성공사례들을 듣고 나도 강의만 만들면 곧 돈을 많이 벌 수 있을 것 같아서 정말 설렜다. 그래서 앞서 이야기한 것처럼 정말 기대하며 힘들게 준비한 첫 강의를 런칭했고 완전 실패했다. 그때는 지식창업으로 성공했다고 이야기하는 사람들의 말이 거짓이었다고 느껴졌다.

하지만 지금의 나는 이것이 불가능한 일이 아니라고 솔직하게 말할 수 있다. 시간을 내어 실제 잠재고객을 모으고, 그 잠재고객이 우리가 판매할 강의 또는 상품 등을 구매하도록 하기 위한 마케팅 전략을 수립한 후 강의를 세팅해라. 사람들에게 진정 도움이 되는 온라인 강의를 만들어 판매한다면 수익은 자동적으로 매달 증가할 것이다.

02

온라인 코스 만들기 10단계

'온라인 강의는 어떻게 만드나요?'

'강의 주제는 어떻게 정하죠?'

'어떤 프로그램을 써야 하나요?'

'비용이 많이 들어갈까요?'

'판매는 어떻게 해요?'

온라인 강의를 시작하려는 사람들이 많이 묻는 질문들이다. 다들 처음에 어떻게 시작해야 하는지 그다음에는 어떻게 해야 하는지를 몰라서 예전의 나처럼 헤매고 있다. 온라인 코스를 만들고 수익을 많이 올리기 위해서는 복잡하지만 잘 짜인 전략이 필요하다. 하지만 너무 겁먹을 필요는 없다 사실 온라인 코스를 만드는 것은 어느 정도 정해진 단계가 있다. 내가 정리한 다음의 10단계를 차례대로 하나씩 구축해 나가다 보면 곧 당신의 강의로 수익을 낼 수 있을 것이다.

1단계: 5가지 주요 결정 내리기

첫 번째 단계에서는 강의의 전반을 결정할 다음의 5가지 주요 결정을 내려야 한다.

-강의 주제는 무엇입니까?

-강의 대상은 누구입니까?

-어떤 유형의 디지털 과정을 만들 것입니까?

-강의 콘텐츠 제작 방법은 무엇입니까?

-강의 런칭 날짜는 언제입니까?

2단계: 강의 아이디어 수요 확인

강의를 만들기 전에 검증하는 단계이다. 내가 선택한 주제에 관심 있는 사람은 얼마나 있을지 알아보고 또 어떤 부분에 궁금한 점이나 어려운 점이 있는지 알아보는 것이다.

내가 주로 사용하는 방법은 이렇다. 먼저, 관련 주제의 책을 서점이나 온라인 서점에서 찾아본다. 관련 서적이 많이 있다면 판매부수 상위 5개의 책을 비교해본다. 제목과 목차를 살펴보면 요즘 트렌드를 확인할 수 있다. 그리고 그 책의 리뷰를 살펴본다. 별점 5개 만점에 3개 이하인 리뷰 위주로 확인을 하다 보면 사람들이 어떤 점을 궁금해하는지 알 수 있어서 내가 만들 강의의 방향을 잡는 데 도움이 된다.

또한 인기가 있는 주제라면 네이버 카페, 페이스북 그룹 등의 커뮤니티가 이미 많이 있을 것이다. 그런 커뮤니티에 들어가서 어떤 이야기가 오가는지 글을 확인해보고 댓글을 확인해보자. 사람들이 겪는 어려움들이나 관심 있는 부분을 확인할 수 있을 것이다.

또 같은 주제 강의를 이미 하고 있는 사람이 있는지 확인해보자. 클래스 101, 탈잉 등 국내 오플 강의 플랫폼뿐만 아니라 유데미(Udemy), 피버(Fiverr)같은 해외의 강의 플랫폼도 살펴본다면 강의 아웃라인을 잡는 데 큰 도움을 받을 수 있다.

3단계: 코스 아웃라인 잡기

선택한 주제에 대해 1단계와 2단계에서 조사한 것을 바탕으로 강의 코스 아웃라인을 잡자. 강의는 총 몇 강으로 진행할 것인지 각각의 강의 주제와 강의와 연결해서 워크시트나 제공할 PDF 파일 여부 등을 정한다.

4단계: 리드마그넷 생성

기업들은 신제품을 출시할 때 이벤트를 여는 경우가 많다. 간단하게 이름과 연락처를 남기면 신제품을 무료로 보내준다고 하는 이벤트에 참여한 적이 있을 것이다. 신제품 홍보도 하고 잠재고객들의 DB도 얻는 효과적인 마케팅 방법이다. 우리도 그 홍보 방법을 이용해보자. 나와 나의 강의를 알리는 홍보품을 만드는 것이다. 이를 리드마그넷이라고 한다. 주로 전자책, 체크리스트, 워크시트 등을 PDF 파일로 만들거나 미니 강의를 준비한다. 리드마그넷에는 너무 많은 내용을 담을 필요는 없다. 내 강의 주제와 관련해서 사람들이 알고 싶어 하거나 해결하고 싶어 하는 문제 한 가지에 대한 내용으로 2~10페이지 정도 분량을 준비한다. 그리고 이 자료를 받아 가기 위해서 간단하게 이름, 이메일, 연락처 등을 남겨달라고 하는 옵트인(Opt In)페이지를 만들어두자. 이 단계에서 중요한 것이 무료 샘플을 주면서 받는 고객들의 DB이다. 참고로 리드마그넷과 옵트인 페이지에 대한 설명은 Part 4에 자세히 나오니 참고하길 바란다.

5단계: 세일즈페이지 만들기

내 샘플들을 보고 내 강의에 관심을 갖는 사람들이 찾아올 수 있는 세일즈페이지를 만드는 단계이다. 내가 판매할 강의는 어떤 강의인지, 누구에게 도움이 되는 강의인지, 언제 판매가 시작되고 강의가 시작되는지 1단계에서 결정한 5가지가 포함된 세일즈 페이지를 만든다.

이 단계에서 이미 수집한 고객DB가 많거나 유튜브나 블로그의 팔로워 수가 많을 경우에는 바로 사전판매를 하는 것도 도움이 된다. 단 런칭 전 구입하는 사람들을 위한 얼리버드 할인이나 특별자료 무료 제공 등의 혜택을 함께 준비하자.

6단계: 웨비나와 등록페이지 만들기

내 강의에 관심 있는 잠재고객들에게 웨비나를 열고 등록 페이지를 설정하는 단계이다. 웨비나는 웹과 세미나의 합성어로 간단하게 인터넷 웹 사이트 상에서 진행되는 세미나를 의미한다. 경우에 따라서 이 단계는 진행하지 않고 넘어가도 좋다. 하지만 내 강의에 대한 간략한 설명회를 하면 강의 등록률이 높아지기 때문에 하는 것을 추천한다. 웨비나 등록을 위한 페이지를 미리 만들어두는 것도 잊지 말자.

7단계: 이메일 시퀀스 만들기

앞의 단계에서 나의 강의에 관심 있는 잠재고객들의 DB를 모았다면 이제 그들에게 정기적으로 정보를 보내는 이메일 시퀀스를 만들자. 이메일 시퀀스는 일련의 이메일이다. 잠재고객에게 도움이 되는 정보 등을 피드백 받는 것을 목표로 정기적(매일, 매주 등)으로 메일을 미리 설정해두는 것이다. 이 정기메일을 매주 한 개씩 준비하는 것은 번거롭기 때문에 이 단계에서 6개월에서 1년치를 한 번에 준비하고 자동발송 세팅을 해둔다. 참고로 이렇게 이메일 시퀀스 자동발송을 할 수 있는 프로그램에는 메일침프, 겟리스폰스, 컨버트키트 등이 있다.

8단계: 코스 런칭

이제 코스 판매를 시작한다. 여기서 중요한 점은 당신이 의아하게 생각하겠지만 강의를 촬영하기 전에 먼저 판매를 시작한다는 것이다. 코스런칭을 효과적으로 하기 위해서는 몇 주 전부터 강의 홍보 계획을 세워두어 고객이 나에게 오도록 길을 만들어두는 것을 선행해야 한다.

9단계: 강의 녹화, 업로드하기

코스 판매가 이루어졌다면 코스를 촬영하고 편집해서 사이트에 업로드를 한다. 혹시 앞의 단계를 잘 했는데도 판매가 되지 않았다는 것은 강의의 수익성 조사가 제대로 이루어지지 않았거나 잠재고객과의 신뢰 쌓기에 소홀히 했다는 의미가 될 수 있다. 이럴 경우에는 다시 처음으로 돌아가서 주제 선정, 조사 단계부터 하면 된다.

이렇게 코스 런칭 후에 코스 촬영을 하면 강의를 듣는 사람들의 피드백을 들으면서 내용을 변경하거나 추가할 수 있다는 장점이 있다.

10단계: 지속적인 마케팅하기

이렇게 성공적으로 강의를 런칭하고 업로드를 했다면 이제는 더 많은 수익을 내기 위해 지속적인 마케팅을 할 차례이다. 앞의 단계를 모두 한 번씩 해보면서 부족했던 점과 보강해야 할 것들을 알게 되었을 것이다. 이제는 부족한 부분을 보강해서 지속적인 마케팅을 하고 더 많은 잠재고객들을 만들고, 신뢰를 쌓고, 다시 런칭하는 것을 반복하자.

　나는 첫 강의를 만들 때 이렇게 큰 그림을 그리지 못했다. 그리고 강의 주제도 선택하지 못했던 0단계부터 완성되는 10단계까지 단계별로 알려주는 강의도 찾을 수 없었다. 강의를 먼저 만들었고 후에 마케팅이 필요하다는 것을 깨닫고는 부분적으로 순서도 없이 배웠다. 이번에는 리드마그넷으로 사용할 전자책 만드는 방법을 배우고 다음에는 이메일 마케팅하는 방법을 배우는 방식이었다. 시작하는 사람들의 그런 어려움을 알기 때문에 강의 런칭의 전반적인 과정을 이렇게 10단계로 정리했다. 아직까지는 우리나라에는 이렇게 온라인 강의 런칭의 모든 단계를 알려주는 곳은 내가 운영하는 '보스랩'뿐이다. 그래서 1년에 2~3회만 운영하는 '마스터 클래스 챌린지'에는 항상 몇백 명의 수강자가 함께하고 있다. 혹시 코스를 만드는 10단계는 이해했지만 단계별로 구체적으로 어떻게 진행해야 하는지 알고 싶다면 '기업가 연구소 보스랩'의 '마스터 클래스'에 참여해보길 바란다.

03

고객 아바타 만들기

식단 조절을 하는 사람들을 위한 빵을 만들어서 판매하는 C가 있다. 그녀는 다이어트를 하거나 요즘 인기 있는 키토식을 하는 사람들을 위한 저탄수화물 빵을 위주로 만든다. 그녀는 어렸을 때부터 빵을 아주 좋아해서 빵순이라는 별명이 있을 정도였다고 한다. 그런 그녀가 다이어트를 하면서 제일 힘든 점이 식단 조절이었고, 특히나 빵을 못 먹는다는 것 때문에 스트레스를 많이 받았다. 다른 먹고 싶은 것들을 잘 참으며 식단조절을 잘 하다가도 운동을 가는 길에 지나치는 빵집의 빵 냄새 때문에 실패한 경험도 많았다. 그래서 그녀는 다이어트에 실패하지 않기 위해 탄수화물이 들어가지 않은 빵을 직접 만들기 시작했다. 그리고 그 과정을 그녀의 SNS에 지속적으로 콘텐츠를 만들어서 게시했다. 그러자 처음에는 밀가루 없는 빵이 있다며 신기해하는 사람들이 종종 찾더니 두어 달이 지나자 제발 빵을 팔아달라는 사람들이 늘어났다. 그녀처럼 빵을 좋아하지만 참아야만 했던 사람들이 많았던 것이다.

그녀의 고객은 다이어트를 하는 모든 사람이 아니다. 다이어트를 하는데 빵을 포기할 수 없는 사람들이 그녀의 고객들이다. 현재는 다이어트를 하는 사람들뿐만 아니라 저탄수화물식을 하는 사람들이나 밀가루를 못 먹는 사람들도 그녀의 빵을 많이 찾는다.

내 온라인 코스 최고의 고객은 누구이고 그들이 어디에 있는지 궁금해한 적이 있는가? 고객 아바타를 만든다는 것은 내가 만드는 강의 코스를 원하고 필요로 하는 완벽한 잠재고객을 정한다는 의미이다. 마케팅과 판매는 내가 판매하는 것 자체보다는 내가 누구에게 판매하는지가 더 중요하다. 이상적인 고객 아바타를 만드는 방법을 알고 구체적으로 누구인지를 파악하면 판매 프로세스를 훨씬 쉽게 만들 수 있다. 고객에게 가장 좋은 강의를 제공하는 방법과 온라인 소셜 미디어를 효과적인 콘텐츠를 만드는 방법을 정확히 알 수 있기 때문에 고객이 찾고 있는 것을 돕고 고객의 제품 또는 서비스를 고객이 원하는 것으로 완벽하게 포지셔닝할 수 있다.

C가 만약 일반 빵을 만들어서 판매를 시작했다면 이미 유명한 다른 빵

판매자들 사이에서 성공하기 힘들었을 것이다. 그녀는 그녀 스스로 체중 감량을 해야 하는데 좋아하는 빵이 실패의 원인이라는 것을 알았다. 그리고 직접 고단백질 빵을 만들어서 먹으면서 스트레스를 받지 않고 체중 감량에 성공했다. 그 경험을 바탕으로 본인처럼 빵을 좋아해서 식단조절에 실패하는 사람들이 많다는 것을 알게 되었고 그 사람들을 고객 아바타로 정하고 홍보하고 판매하면서 수익을 낼 수 있었다.

내가 제일 처음 온라인 강의를 만들 때는 구체적으로 고객 아바타를 정의하는 것을 중요하게 생각하지 않았다. 나는 강의를 만들면서도 그저 막연하게 많은 사람들을 대상으로 하면 모두가 나의 고객이 될 수 있어서 좋다고 생각했다. 내 온라인 강의 비즈니스를 위해 인스타그램, 블로그를 할 때에도 정확한 잠재고객 대상이 없었으니, 이런저런 좋은 내용들, 인기 있을 것 같은 것들을 그냥 올렸다. 결론적으로 그런 나의 행동들은 그냥 계란으로 바위를 치는 것에 불과했다. 무언가를 열심히 하고 있지만 전혀 성과가 나지 않았던 것이다. 그래서 다시 처음부터 나의 강의 프로세스를 확인하는 과정에서 나는 누구에게 말을 하고 있는지, 누구를 도울 수 있는지 확실하게 하지 않았기 때문에 초반부터 길을 잃었다는 것을 알았다.

고객 아바타를 명확하게 정하는 연습을 하면 당신이 당신 비즈니스에서 하고 있는 모든 것을 만드는 데 도움이 된다. 잠재고객이 누구인지 알아야 소셜미디어에 무엇을 게시해야 하는지, 어떻게 표시해야 하는지, 어떤 유형의 콘텐츠와 어떤 유형의 게시물을 제공하면 그들이 물건을 구매하는지 알아야 한다. 그들이 누구인지 모른다면 내가 그들에게 어떤 가치를 줄 수 있는지 모른다. 예를 들어서 요가 강의를 준비한다고 하자. 이때 고객 아바타가 단순히 요가 수업을 받길 원하는 모든 여성이 아니라 몸의 라인을 만들고 싶어 하는 여성인지, 마음가짐을 위한 명상을 필요로 하는 사람인지, 산전 산후 여성으로 몸의 회복을 목표를 하는 여성인지에 따라 각각 이야기하는 방식은 매우 다를 것이다.

C의 경우에는 과거의 본인이 지금 그녀가 생각하는 고객 아바타였다. 따라서 고객 아바타가 원하는 것과 걱정하는 것 등을 알 수 있어서 홍보 및 판매를 하는 데 더 도움이 되었다. 만약 나의 고객 아바타에 대해 명확하게 알지 못한다면 같은 주제에 관심 있어 하는 사람들이 모여 있는 커뮤니티를 활용하도록 하자. 네이버 카페나 페이스북 그룹, 카카오톡 단톡방 등을 찾아보고 그곳의 글을 읽어보고 댓글을 확인하면 고객 아바타에 대해 알아보는 데 큰 도움이 될 것이다. 모든 어려움에 대해 도움을 줄 수는 없다. 당신이 바로 해결해 줄 수 있는 것 1~2가지를 골라서 이것을 필요로 하는 사람으로 고객 아바타를 구체화하자.

고객 아바타 만드는 방법을 5단계로 정리해보았다. 다음에 제시한 내용을 잘 살펴보면서 고객 아바타 작업을 구체화해보기를 바란다.

1단계 고객의 목표와 필요한 점을 파악

'코스 주제와 관련해서 현재 나의 잠재고객들이 겪고 있는 어려움은 무엇인가? 그들의 가장 큰 고충은 무엇인가? 또한 그들의 가장 바라는 것은 무엇인가?'와 같은 질문을 해보자.

2단계 고객들이 정보를 얻는 곳 찾기

마케팅의 핵심은 적시에 적절한 사람에게 적절한 메시지를 적절한 곳에서 전달하는 것이다. 이 중에서 사람들이 많이 놓치는 부분이 '적절한 곳'이다. 나의 잠재고객들은 본인에게 필요한 정보를 어디에서 찾는지를 알아내야 한다. 어떤 책을 읽고, 어떤 사이트를 찾아가고, 어떤 해시태그로 검색하고 어떤 물건을 구입하는지 확인해야 한다. 그들이 자주 찾는 곳을 알아내는 것은 나중에 우리가 광고할 곳을 정하는 데 도움이 될 뿐만 아니라 고객에게 무엇에 대해 이야기하고 어떤 방식으로 말해야 할지를 파악하는 데 매우 중요하다.

3단계. 일반적인 사항 작성해보기

고객 아바타를 만들 때 가상의 사람을 만든다고 생각하고 일반적인 사항들을 정해보는 것이 좋다. 내 고객 아바타의 나이는? 성별은? 결혼 여부? 자녀는 있는지, 있다면 몇 살인지, 사는 곳은 어디인지, 직업은 무엇인지 등등을 모두 생각해보자. 이렇게까지 할 필요가 있을지 생각할 수도 있지만 잠재고객에 대해서 실제 있는 사람처럼 형상화하는 것이 필요하다.

4단계 잠재고객의 어려움, 두려움을 적어보기

내 아바타는 어떤 어려운 점이 있는지 무엇이 문제인지 생각한다. 그들의 어려워하는 것, 두려워하는 것이 내 강의가 도와주는 것이어야 한다. 또한 이것들은 나중에 내 강의 카피라이팅을 하는 데도 도움이 된다.

5단계 고객이 구매를 주저하는 이유를 알아보기

물건이 아무리 좋다고 해도 100% 모든 사람이 좋다고 생각하는 경우는 없다. 그렇기 때문에 이 강의가 좋다고 생각하면서도 왜 구매를 주저할지에 대해 이유를 생각해보자. 그것은 비용이 될 수도 있고 방대한 강의 양일 수도 있다. 고객의 입장에서 나의 강의를 객관적으로 바라보고 이유를 찾아보자.

내가 자동화 시스템을 구현하는 데 여러모로 도움을 많이 주신 분 중에 김영익 소장님이 있다. 이 분은 직장인을 대상으로 영어 교육을 하는 '딱 이만큼 연구소'를 운영하고 있고 현재 총 두 권의 책을 출판했다. 그의 두 번째 책의 제목은 『27년 동안 영어 공부에 실패했던 39세 김과장은 어떻게 3개월 만에 영어 천재가 됐을까』이다. 이 제목은 책 이름 치고는 굉장히 길지만 한눈에 그의 고객 아바타를 정확히 알 수 있다.

시중에 판매 중인 영어책은 정말로 많다. 각종 영어 교재부터 비법서까지 서점 어학 부분에서도 영어책의 비중은 절반 이상을 차지한다. 그렇게 치열한 시장에서 그의 책은 다른 책들을 제치고 베스트셀러가 되었다. 어떻게 성공할 수 있었을까? 나는 그가 구체적이고 명확한 잠재고객을 가짐으로써 성공할 수 있었다고 생각한다. 영어를 공부하는 사람은 많다. 하지만 그는 그중에서도 오랫동안 영어공부를 했지만 아직까지 회화가 되지 않는 직장인을 고객 아바타로 삼았다. 그리고 영어 공부에 실패한 한국의 수많은 30~40대 직장인들은 그의 책 제목에 공감하며 책을 구입하게 된 것이다.

종종 '너무 잠재고객을 좁게 보면 더 많은 고객을 놓치는 것이 아닌가요?'라며 걱정하는 사람들이 있다. 나도 처음에는 그런 생각에 최대한 많은 이들을 대상으로 보고 하는 것이 좋겠다는 생각을 갖고 고객 아바타를 명확히하지 않고 시작했다. 하지만 '모든 사람을 끌어당기려 한다면 결국 아무도 끌리지 않게 될 것이다(When you try to attract everyone, you'll end up attracting no one).'라는 말이 있다.

이미 시장에는 모든 사람의 관심을 끌려고 경쟁하는 비즈니스들이 많이 있다. 정확하게 목표 고객을 정해두고 시작하지 않으면 그 많은 경쟁자들 속에서 묻혀버릴 수 있다. 하지만 정확한 고객 아바타를 설정해두면 그 점이 장점이 되어 오히려 관심을 끌기가 쉽다. 틈새시장을 공략하라는 것이다.

   앞서 이야기한 C와 김영익 소장처럼 자신의 이상적인 고객들을 아바타로 정해두고 강의를 만들고 마케팅을 하자. 사람들에게 "이게 바로 내가 찾던 것이에요.", "딱 제 이야기네요.", "내 마음을 어떻게 읽었어요?"라는 말을 듣는다면 성공이다.

04

4가지 강의 모델

주제를 선정하고 고객 아바타를 정했다면 이제는 강의 유형과 가격을 선택할 차례이다. 강의 유형을 결정하는 이유는 유형에 따라 강의 내용을 얼마나 깊게 다룰 것인지, 학생들에게 어떤 결과를 약속할 것인지, 코스 비용을 얼마로 할 것인지에 대해 더 명확하게 정할 수 있기 때문이다. 강의의 유형은 매우 다양하지만 여기서는 온라인 강의로 자주 사용하는 유형 4가지에 대해서 설명하겠다.

첫 번째 유형은 리드마그넷으로 많이 사용하는 무료 웨비나 강의이다. 웨비나(Webinar)는 웹(Web)과 세미나(Seminar)의 합성어로 인터넷 웹 사이트 상에서 진행되는 세미나, 회의, 실시간 정보교환 등을 의미하는 단어이다. 주로 전자책과 소책자 등의 PDF파일처럼 고객들의 이메일 주소나 연락처를 모을 목적으로 무료로 제공하게 된다.

이 무료 웨비나는 웬만한 광고보다도 효과가 좋아서 내가 자주 사용하는 방법이다. Zoom이나 Youtube Live 등을 이용해서 실시간으로 진행하는 방법과 녹화한 영상을 올려두고 강의를 신청하는 사람들에게 바로 제공하는 에버그린 웨비나(Evergreen webinar; 설정한 기간에 언제든지 녹화된 강의를 볼 수 있다.)를 하는 방법이 있다. 이 무료 웨비나의 경우는 대략 40~90분 정도로 비교적 짧은 시간에 걸쳐 이루어지고 많은 내용을 다루기보다는 잠재고객들이 궁금해하는 3~5가지의 주요 내용을 다룬다.

에버그린 웨비나 신청페이지

두 번째 강의 유형은 저가형 강의이다. '저가'란 적게는 만 원 단위부터 10만 원이 넘지 않는 금액을 말한다. 주로 초보자를 대상으로 진행하는 강의이며 학생들에게 어떤 것을 배우게 되는지 전반적인 내용을 알려준다. 너무 많은 지식을 전달하면 초보자들은 이해하지 못하거나 전체 강의에 부담을 느끼게 될 수 있다. 내용을 쉽게 전달하려고 노력하고 간단하게 만드는 것이 좋다. 만약 더 자세하고 많은 내용을 알고 싶어 하는 학생들에게는 중가형 강의, 고가형 강의 수강을 제안할 수 있다.

세 번째 강의 유형은 중가형 강의이다. 대략적으로 10~99만 원 정도 강의료의 강의이다. 저가형 강의는 일반적이고 초보자를 대상으로 하는 강의라면 중가형 코스는 일반적으로 한 영역에서 수강생이 구체적인 결과를 내는 데 도움이 되는 구체적인 내용을 담고 있는 강의이다. 단계별로 많은 내용을 포함시켜서 그들이 원하는 것을 얻는 것에 도움이 되도록 해야 한다. 강의는 대략 4주, 8주, 12주 정도의 코스 강의로 이루어지는 경우가 많다. 기간이 길다고 해서 수강생들이 만족하는 것은 아니다. 가능하면 12주가 넘지 않도록 강의를 구성하는 것이 좋다.

내가 전에 진행했던 '광고 없이 잠재고객 5,000명 모으는 방법' 과정이 이 유형에 속한다. 온라인 비즈니스를 위한 고객 리스트를 모으는 방법을 알려주는 과정이었다. 온라인 강의 만드는 과정 중에서도 잠재고객 리스트 구축하는 내용만 담은 강의였고 총 4주 과정으로 진행했다.

네 번째 강의 유형은 고가형 코칭 코스이다. 이 강의 유형은 완전하고 포괄적인 내용을 담는다. 앞의 저가형 코스, 중가형 코스와의 차이는 두 유형은 주로 한 방향으로 이루어지는 강의라면 이 고가형 강의의 경우에는 1 대 1 코칭이나 그룹 코칭을 포함하거나 수강생들만의 커뮤니티 참여 기회를 주는 경우가 많다. 전달하는 내용의 깊이에 따라 가격도 몇백만 원에서 1,000만 원 단위가 된다.

나는 '온라인 강의 만들기 마스터 과정'을 1년에 2~3회 진행한다. 이 강의는 온라인 강의에 대해서 전혀 모르는 사람들에게 온라인 강의 플랫폼 구축과 마케팅, 자동화 파이프라인 구축과 같은 온라인 강의에 관련된 정보 A~Z를 모두 전달한다. 마스터 코스에는 단계별 온라인 강의는 물론이고 라이브 미팅도 2주에 한 번씩 함께하는 그룹코칭과 수강생 커뮤니티 참여 혜택이 포함되어 있다.

구분하기 쉽도록 강의를 가격에 따라서 4가지로 분류했지만 사실 정해진 강의 가격은 없다. 강의의 길이나 제작 단가에 따라 정해지는 것이 아니라 전달하는 가치에 따라 가격이 정해지기 때문이다. 내가 처음 온라인 강의를 만들 때, 1년여의 시간과 적지 않은 돈을 소비했다. 전문가에게 몇백만 원을 들여서 사이트 구축하는 것을 의뢰했고, 소셜미디어 마케팅 관리도 사람을 고용해서 했다. 또 온라인 강의를 듣고 관련 책들을 구입하는 비용으로도 많은 돈을 들였다. 계산해보면 대략 7,000만 원 정도의 비용을 온라인 코스를 제대로 만들기 위한 기술을 익히는 데 썼다.

그런데 이렇게 내가 1년 정도 고생하고 많은 비용을 들여서 익힌 방법을 세 달 안에 익힐 수 있도록 모두 알려준다면 당신은 얼마까지 낼 수 있겠는가? 만약 여러분이 들은 강의로 인해 인생이 바뀌었다면 얼마의 강의료가 적절할까? 단순히 비싼 금액 때문에 그 강의를 부정적으로 보는 사람들도 있다. 반면 엄청난 금액의 강의료지만 그 금액을 지불하고 강의를 수강하는 사람이 있다. 강의를 선택할 때 그 사람들은 강의의 길이가 아니라 그 강의를 수강 후 변화되는 모습에 강의료를 지불한다.

나는 그 가치를 아는 사람들에게 내 경험과 지식을 전달하고 싶다. 그래서 나는 저가형 강의는 되도록 진행하지 않는다. 저가형 강의는 초보자를 위한 전체적인 내용을 담고 있기 때문에 경쟁자들이 많다. 이미 클래스101, 탈잉 같은 오픈플랫폼에도 많은 강의가 진행되고 있다. 나는 온라인 강의를 통한 지식창업을 진심으로 시작하고 싶은 사람들에게 얻기 힘들었던 고급정보들을 전달해주면서 도움을 주는 것을 선호한다. 내 강의 내용이 다른 곳에서는 쉽게 들을 수 없었던 강의라는 것을 아는 사람들에게 판매할 때 내 강의는 빛난다. 그래서 나는 오픈 플랫폼에서 강의하는 것을 선호하지 않는다.

이 4가지 강의 유형을 모두 만들어서 진행할 필요는 없다. 한 번에 한 코스에만 집중하는 것을 추천한다. 특히나 강의를 처음 만든다면 무료 웨비나 또는 저가형, 중가형 강의로 시작하자. 시작하는 단계의 수강생들에게 도움을 주면서 강의의 자신감을 갖고 해당 주제와 고객에 대해서 파악할 수 있는 기회가 되기도 한다.

반면 고가형 강의의 경우 깊은 내용을 담아야 하기 때문에 준비 기간이 길어진다. 당신이 아직 강의 만드는 것에 익숙해지지 않았다면 매주 새로운 강의를 만드는 것에 부담이 되어 제때 강의를 진행하지 못할 수도 있다. 첫 번째 강의를 성공적으로 완료한 다음에는 더 많은 코스나 다양한 수익 창출 방법을 만드는 것이 가능해진다. 위에 설명한 강의 중 본인에게 맞는 유형을 선택해서 우선 강의를 만들어보자.

05

강의를 만들기 전에 사람을 모으자

당연한 이야기이지만 내가 강의를 만들어서 런칭을 했다고 해서 사람들이 알아서 구입하러 오지는 않는다. 최소한 내가 강의 판매를 시작할 때 "이러이러한 주제의 강의를 런칭합니다."라고 이야기할 사람들을 미리 모아두어야 한다. 그렇기 때문에 강의를 다 만든 후에 그때부터 사람을 모으는 것은 너무 늦다. 강의를 런칭하기 전부터 잠재고객들을 모으도록 하자. 그럼 어떻게 잠재고객들을 모을 수 있을까?

이해하기 쉽도록 다음의 상황을 상상해보자. 당신은 온라인으로 아이크림을 사기로 마음먹었다. 특정해놓은 상품이나 브랜드가 없어서 검색창에 '아이크림', '아이크림 추천', '아이크림 리뷰' 등의 단어를 입력해본다. 유튜브에서 일명 '내돈내산' 영상이나 '피부과 의사가 추천하는 화장품'들을 검색해 보기도 한다. 그렇게 여러 상품을 확인한 후 마음에 드는 상품이 눈에 띈다면 아래쪽에 남겨진 링크 또는 제품명 검색을 통해 그 화장품 회사 사이트에 들어가게 된다. 그 사이트의 화장품 설명이나 리뷰 등을 다시 한번 꼼꼼히 살펴본 후 결정한 제품을 최종 결제 후 사용한다. 그리고 만족스러웠다면 다음에 스킨, 로션 같은 다른 제품이 필요할 경우 같은 브랜드의 제품을 사용해본다.

대부분 물건을 온라인으로 구입할 경우 이런 비슷한 절차를 겪을 것이다. 우리가 우리 강의를 판매하는 것도 비슷하다. 다음은 고객의 입장에서 내 강의를 구입하는 5단계를 나타낸 것이다. 이를 보고 어떻게 고객들이 나에게 오게 되는지 생각해보자.

―검색 가능한 콘텐츠

우선은 당신 강의 주제에 대한 어려운 점이나 필요한 점 등이 있을 경우 당신을 찾을 수 있는 방법인 '검색 가능한 콘텐츠'를 올려두어야 한다. 그렇게 하면 고객들은 자신들이 필요한 것이나 궁금한 것이 있을 때 검색을 통해 당신을 발견할 것이다. 그 콘텐츠는 유튜브 영상이 될 수도 있고, 블로그 글이 될 수도 있고, 인스타그램의 사진이 될 수도 있다. 만약 이런 콘텐츠가 없다면 당신과 당신의 강의에 대해 사람들이 알 수 있는 방법은 광고뿐이다. 광고 없이도 잠재고객들이 당신의 강의를 찾도록 만드는 방법은 '검색 가능한 콘텐츠'를 올려두어야 한다는 것을 잊지 말자.

또한 사람들은 물건을 알아볼 때 광고가 아닌 사람들의 진짜 리뷰를 찾는다. 무조건 좋다는 이야기나 대놓고 광고하는 콘텐츠는 확인하지 않는다. 이유는 그 제품에 대한 신뢰가 충분히 쌓여 있지 않기 때문이다. 처음 보는 제품을 구매하기 위해서는 이 제품이 내 문제를 해결해 줄 것이라는 믿음이 생겨야 한다. 그렇기 때문에 콘텐츠를 올릴 때는 내 강의 주제를 반영하는 것이지만 노골적인 홍보가 포함되지 않는 순수한 정보 제공이여야 한다. '와, 이렇게 좋은 정보를 알려주다니…'라고 생각하도록 유용한 정보들을 나누어주자.

—무료 선물

그 콘텐츠가 마음에 들었다면 사람들은 당신에게서 더 많은 정보를 얻고 싶어 할 것이다. 당신 블로그 속의 다른 글을 더 찾아보거나 유튜브 속 다른 영상도 확인할 것이다. 그 사람들에게 더 많은 정보를 무료로 받아갈 수 있다며 내 사이트로 찾아오도록 링크를 걸어두자. 마트에서 신제품이 나왔다며 한번 맛보라며 사람들을 모으는 것과 마찬가지다. 그 무료 선물은 전자책이나 가이드, 치트시트, 무료 미니강의 등을 많이 이용하는데, 사람들이 들었을 때 '아, 갖고 싶다.'라고 생각이 드는 것으로 준비해야 한다. 또한 굉장히 좋은 내용을 담고 있는 유료급 선물이라는 것을 강조하며 이것을 다운로드하기 위해서는 연락처와 이메일 주소 같은 고객정보를 남겨달라고 하여 고객과의 관계를 이어나가도록 한다.

–도움 되는 정보성 이메일

무료 콘텐츠를 받을 때 모은 이메일 주소로 잠재고객이 궁금해할 내용 위주로 정보성 이메일을 정기적으로 발송한다. 그 메일들이 단순히 홍보 메일이 아닌 진정 도움이 되는 메일이라면 고객들이 메일을 꾸준히 확인하면서 신뢰가 쌓이고 있을 것이다. 잠재고객은 당신이 보낸 메일을 종종 확인하다가 필요한 강의 정보가 있다면 메일 속 링크를 누르고 세일즈 페이지로 이동할 수 있다. 이렇게 이메일 주소는 잠재고객과 나를 이어주는 수단으로 매우 중요하다. 내가 보내는 정보에 지속적으로 관심을 보이는 사람들이 내 잠재고객이다. 초반에 이메일 시퀀스를 세팅해 놓으면 자동으로 발송되기 때문에 내가 일일이 신경 쓰지 않아도 나에게 관심 있는 잠재고객들을 판매 페이지로 연결해 준다.

–세일즈 페이지

강의에 대한 전반적인 내용이 모두 담긴 세일즈 페이지를 확인한 후 고객은 최종 결제를 하고 강의를 수강하게 된다. 잠재고객들이 이메일 속 링크를 통해 세일즈 페이지로 왔을 경우에 그들을 사로잡을 수 있도록 페이지를 읽고 보기에 흥미롭게 구성해야 한다. 강의 설명이나 안내 영상이 재미있지 않다면 바로 그 페이지를 닫아버릴 것이다. 모두에게 좋은 강의가 아니라 바로 당신에게 필요한 것이라는 설명을 세일즈 페이지에 담자.

─가치 있는 강의

강의는 앞의 4단계를 거치면서 고객과 쌓은 신뢰도를 더 높일 수 있는 가치 있는 내용으로 담는다. 강의 내용이 만족스럽다면 그들은 다른 어려움도 해결해줄 다른 강의가 없는지 궁금해할 것이다. 이 고객들은 다른 강의가 런칭되었을 때 구입할 가능성이 높다.

몇 년 전, 전 세계를 강타한 싸이의 〈강남 스타일〉이라는 노래를 기억할 것이다. 벌써 그 노래가 나온 지 9년이 지났지만 내가 있는 이곳 아프리카 모잠비크에서도 그 노래를 아직도 기억하는 현지인들이 많을 정도로 정말 선풍적인 인기를 끌었다. 그 노래가 전 세계적으로 인기를 끌 수 있었던 이유로 전문가들은 유튜브를 이야기한다. 기존의 많은 국내 가수들이 유명 프로듀서와 공동작업을 하거나 현지투어 등을 하면서 미국 등 해외시장으로 진출을 목표로 노력했다. 하지만 많은 비용을 들이며 노력을 했지만 싸이만큼의 인기를 얻지는 못했다. 물론 몇 명은 일본이나 동남아에서 인기를 얻었지만 전 세계적으로 이렇게 큰 인기를 얻은 것은 처음이다. 더구나 싸이는 특별한 해외 마케팅이나 홍보 없이 오로지 유튜브에 올린 뮤직비디오 영상이 SNS에서 입소문이 나서 엄청난 결과를 가져왔다는 것이 제일 놀라운 부분이다.

뮤직비디오의 글로벌 확산은 대부분 유튜브에서 시작된다. 유튜브에 뮤직비디오를 올리면서 해외의 팬들과 만날 수 있는 접점을 확보한 후 SNS를 통해서 빠르게 확산하는 방식이다. 싸이의 경우에도 유튜브의 〈강남 스타일〉 뮤직비디오가 일부 한류 팬들에 의해 인기를 끌다가 스쿠터 브라운(Scooter Braun)의 트위터를 통해 빠르게 확산되었다. 스쿠터 브라운은 저스틴 비버를 발굴한 유명 매니저로 직접 YG에 연락을 해서 미국진출을 돕기도 했다. 싸이의 경우뿐만 아니라 요즘 전 세계적으로 인기가 많은 방탄소년단의 경우도 그들의 연습 장면, 일상 브이로그 등의 영상을 트위터에 공유한 것으로 해외 팬이 생기게 되었다.

유명 가수들뿐만 아니라 다른 많은 아마추어들도 유튜브, 트위터 등의 SNS를 통해서 스타가 되는 경우가 많다. 혼자서 연습하듯 그려서 올리던 만화가 유명 웹툰이 되기도 하고, 전문 댄서는 아니지만 유명한 가수들의 춤을 따라 추는 영상을 꾸준히 올려서 가수들이 자신의 집으로 찾아와서 영상을 함께 찍고 싶은 사람이 되기도 한다. 그 사람들이 잘하는 분야, 계속 하고 싶은 분야의 콘텐츠를 계속 올려서 결국 성공한 사례들이다.

이런 사례들로 알게 된 것은 결국 우리에게 '검색 가능한 콘텐츠'가 있어야 한다는 것이다. 나는 어떤 사람이고 어떤 일을 하며 내가 하는 방식은 이렇다고 직접적으로 알리는 나만의 콘텐츠가 있어야 한다. 그 콘텐츠에 대해서 관심을 갖는 사람들이 많아지면 자동으로 나에게 관심 있는 사람들이 모인다. 그 이후에는 우리가 그들에게 그 선택이 틀리지 않았다는 믿음을 주면 된다.

나도 처음에는 나의 얼굴을 알린다는 것이 부담스러웠다. 내가 특별한 사람이 아닌데 내 이름을 걸고 무엇인가를 하는 것, 유튜브나 인스타그램 등에 내 얼굴을 올린다는 것이 쉽지 않았다. 하지만 스스로 나서지 않고 얌전히 있다고 해서 사람들이 알아봐주지 않는다. 제품이 좋으면 입소문이 나서 사람들이 올 거라는 안일한 생각을 하고 있다가는 쏟아지는 다른 정보 속에 있는 사람들이 나에게 오기 전에 길을 잃을 것이다.

10%의 업무능력, 30%의 자기표현, 60%의 대인관계가 성공 여부를 결정짓는 시대라고 한다. 업무능력 향상에만 몰두하기보다는 자신을 드러내서 표현하고 사람들과 신뢰를 쌓으며 관계를 만들어야 한다. 그러기 위해서 지금 당장 사람을 모으자.

연예인은 아니지만 팬클럽을 만들자

2년간 코로나19의 여파로 오프라인으로 콘서트를 못했던 방탄소년단 (BTS; 이하 방탄)이 드디어 콘서트를 한다며 티켓을 판매했다. LA에서 하는 콘서트 티켓은 그들의 콘서트를 기다렸던 전 세계 팬들에 의해서 당연히 짧은 시간에 모두 판매되었다. 그뿐만 아니라 며칠 만에 리셀 티켓의 가격이 1,800만 원까지(VVIP석) 올랐다고 한다. 어느 정도 예상했지만 그 이상이다.

최근에 이 방탄소년단의 콘서트와 관련한 재미있는 기사를 보았다. 미국인으로 보이는 한 여성이 어렵게 방탄 콘서트의 티켓을 구매했다. 하지만 즐거움도 잠시, 그녀가 구입한 콘서트 티켓의 날짜는 바로 그녀의 결혼식날이었다. 그녀는 결국 대신 참가할 사람을 구한다는 글을 그녀의 소셜미디어에 올렸다. '실수로 제 결혼식날의 콘서트 티켓을 구매했어요. 항공편, 티켓, 숙소까지 해서 1,000달러 정도를 지불했습니다. 무료로 제 자리를 가져가실 분 있으신가요?' 세인트 메리 교회. 신랑 이름 존. 그의 키는 178센티미터이고 착해요.' 물론 장난이겠지만 그녀는 그녀 대신 콘서트에 갈 사람을 구하는 게 아니라 결혼식에 갈 사람을 구하는 글을 올린 것이다. 본인의 결혼식과 콘서트를 두고 고민하는 그녀는 방탄의 슈퍼팬임이 분명하다.

방탄의 글로벌 팬클럽 이름은 아미(Amy)이다. 아미들의 방탄 사랑은 정말 대단하다. 미국에서 2년 만에 열리는 콘서트에 가기 위해 티켓값의 몇 배의 금액을 들여서 전 세계에서 비행기를 타고 콘서트에 참가한다. 방탄이 전 세계적으로 성공하는 데에는 이 아미들의 역할이 컸다. 그들은 '우리가 너를 최고로 만들어줄게. 정상에 서는 순간까지 함께해줄게'라고 이야기한다. 그리고 방탄은 그런 아미들과 함께 나오는 음반마다 항상 정상에서 활동하고 있다. 방탄은 어떻게 이렇게 든든한 슈퍼팬들을 얻게 되었을까.

방탄의 소속사인 빅히트는 방탄이 인기를 끌기 전에는 SM이나 JYP, YG같은 대형 소속사들과 비교하면 아주 작은 회사였다. 그들도 데뷔 초에는 소셜미디어를 잘 쓰지 않았다. 멤버들이 자유롭게 연습실에서 연습

하는 모습, 일상 브이로그 같은 친근한 영상들을 올리기 시작했다. 그리고 어느 순간부터 해외에서 그 영상을 보고 찾는 사람들이 많아졌다.

특히나 '방탄밤(Bangtan Bomb)'이라는 그들의 평소 생활 모습을 트위터에 꾸준히 올렸다. 7명이 번갈아서 올렸기 때문에 콘텐츠의 양도 많고 다른 아티스트에 비해 올리는 주기도 짧았다. 해외 팬들은 유튜브, 트위터로 공유되는 방탄의 뮤직비디오를 보고 난 후 자연스럽게 소셜미디어 계정으로 들어가 실시간으로 쏟아지는 콘텐츠에 흥미를 느끼고 다른 콘텐츠를 클릭해 계속 소비했다. 그렇게 방탄소년단 트위터 계정의 팔로워 수는 불과 6개월 만에 500만 명으로 증가했다. 이처럼 하나로 통합된 SNS 계정은 BTS의 팬들을 한곳으로 모았다.

한국 대중음악이 그동안 여러 방면으로 해외진출 노력을 했으나 성공하지 못했던 이유로 많은 사람들이 언어와 지역을 이야기했다. 하지만 방탄으로 인해 전 세계 사람들이 한국어로 된 노래를 듣고 부르는 것을 보게 되었다. 빠른 시간 내에 늘어난 아미는 온라인을 통해 강한 결속력과 유대감을 공유하고 있다.

2021년 9월 청와대에서 방탄에게 '미래세대와 문화를 위한 대통령 특별사절' 임명장을 수여했다. 우리나라는 예전부터 끊임없이 우리나라를 알리기 위한 홍보를 해외에 해왔다. 신문에 한국음식에 대해 연재를 하기도 했고 한국관광공사는 영상을 만들어서 한국을 알렸다. 하지만 정부차원에서 진행했던 많은 광고와 행사들이 방탄의 음악보다 들인 비용 대비 큰 효과를 내지는 못했던 것 같다. 전 세계 사람들은 아미를 필두로 그 어느 때보다 한국에 오고 싶어 하고, 한국어를 배우려고 노력하며, 한국 문화를 익히려 한다. 외국인을 대상으로 온라인 한국어 강의를 하는 나의 수강생 이야기를 들어보면 한국 노래와 영화 드라마를 통해서 한국에 대해서 알게 되었고 한국어를 배우고 싶어 하게 되는 경우가 대부분이라고 한다. 한국어에 대한 관심뿐만 아니라 한국 팬덤이 생겨서 문화에 대해서 이야기하기도 수월하다고 한다. 최근에 벌어진 김치나 한복에 대한 중국 측 주장이나 일본의 역사왜곡의 경우에도 예전보다 많은 해외의 사람들이 관심을 갖는다. 온라인에서 한국에 대해 일본이나 중국 등의 주변국에서 옳지 않은 의견을 내비칠 경우 우리나라 사람들을 대신해서 해외의 많은 사람들이 올바른 기록을 들며 반박하는 경우도 쉽게 볼 수 있다.

유튜브에는 다양한 뮤직 아티스트들의 뮤직비디오 등의 영상을 보면서 리액션을 해주는 영상들이 많이 있다. 그중에서도 방탄이나 블랙핑크의 음악을 처음 본 후 그들의 팬이 되는 변화를 보여주는 영상들이 흥미롭다. 영상에는 K팝이 무엇인지도 모르는 사람이 등장한다. 그중 일부는 동양 음악에 대한 편견을 가진 사람들도 있다. 하지만 그들은 주변 사람들이나 구독자들의 권유로 영상 리액션을 하겠다며 시작한다. 처음에는 한국어로 된 그들의 뮤직 콘텐츠를 보고는 이해는 못하지만 흥미로워한다. 그리고 생각보다 잘 만들어진 영상과 음악에 대해서 관심을 갖고 다른 콘텐츠도 찾아본다. 이해가 안 되는 부분들을 알아내기 위해 다른 사람들과 대화를 한다거나 설명이 되어있는 콘텐츠를 찾아보기도 한다. 그리고는 팬이 되어서 그들의 브이로그나 멤버들의 백그라운드들을 알아본다. 그들의 영상을 보는 팬들은 추천영상 링크를 올려주기도 하고 리액션을 하는 사람이 이해를 못하는 부분에 대한 설명을 해준다. 결국 영상 속에서 그는 개개인에 대해 알게 되면서 점점 팬덤에 속하게 되고 결국은 슈퍼팬이 되어 해당 아티스트를 적극적으로 응원하는 단계에 이르게 된다. 이쯤 되면 이미 그들의 벽에는 해당 아티스트의 사진이 한두 개 올라오고 응원봉 등 굿즈가 보인다.

우리가 사업을 하면서 필요한 것은 바로 이런 슈퍼팬들이다. 우리의 콘텐츠를 본 사람들이 흥미를 갖고 다른 여러 콘텐츠를 확인한다. 그리고 내 유료강의도 듣는다. 그리고 그 내용에 그들이 만족해서 'ㅇㅇ의 강의는 믿고 본다'고 생각하면 나에게도 슈퍼팬이 생긴 것이다. 그들은 나와 나의 강의에 대해서 주변에 홍보할 것이고 나의 성공을 바라는 사람이 될 것이다. 그런 슈퍼팬들이 많아지면 비즈니스와 기술 환경이 바뀌더라도 상관없이 성공할 수 있다.

광고에 돈을 들이거나, 불특정 다수의 사람들에게 시간을 쏟거나, 요즘 뜨는 마케팅 방법 등을 고민하는 대신 잠재고객들이 가진 가장 큰 어려움이나 문제점이 무엇인지, 어떻게 그 문제를 해결할지 고민해야 한다. 나의 고객들이 특별한 대우를 받는다고 느끼게 할 방안을 찾아라. 어쩌다가 나의 콘텐츠를 발견한 사람들을 활발한 구독자로 만들고 이후 활발한 교류로 인해 그들이 진정한 슈퍼팬이 되도록 신경 써야 한다. 슈퍼팬은 단 한 명이라도 큰 영향력을 발휘한다. 당신에 대한 긍정적인 메시지를 적극적으로 주변에 전할 사람이다.

그럼 그런 슈퍼팬은 어떻게 생길까? 방탄의 슈퍼팬들인 아미들은 방탄으로 인해 인생이 바뀌었다고 이야기한다. 우울했던 인생이 바뀌었고 용기를 얻었다고도 이야기한다. 방탄이 힘든 시간을 겪고 꿈을 이루는 모습을 보았고 함께 성장하는 느낌을 받았다. 방탄이 자신을 사랑하자는 메시지를 전하는 음악을 부르는 것을 듣고 그들은 변화했다. 그렇게 팬과 방탄이 함께 성장했다. 방탄의 성공이 아미의 성공처럼 느낀다. 이렇게 새로운 경험을 하게 해주고 깨달음을 얻게 되었기 때문에 아미들은 누구보다도 방탄의 성공에 적극적인 것이다. 어떤 사람, 제품, 이름, 브랜드 때문이 아니라 그 사람, 제품, 이름, 브랜드가 자신에게 어떤 특별함을 가져다주느냐가 슈퍼팬이 될지를 결정한다.

우리가 방탄의 노래 가사처럼 잠재고객들에게 우리의 메시지를 어떻게 전달할 수 있을까? 바로 우리가 블로그, 동영상, 이메일 등에 올리는 것에서 나오는 단어들로 전달된다. 그들이 필요로 하는 것은 무엇인지, 어떻게 그것들을 표현하는지 등 고객에 대해 먼저 알아보고 그들에게 도움이 되는 메시지를 전달한다. 그 메시지를 통해 우리와 연결 고리가 생겼다면 이제 그들에게 인간적으로 다가가자. 나를 드러내 인간적인 면을 보여주는 것이다. 나도 당신처럼 어려워했던 시기가 있었다. 나도 당신처럼 실패한 경험이 있다. 공감하는 것들을 공유하자. 그리고 그들을 위한 해결책을 제시해주자. 그들이 나처럼 인생이 바뀌기를 바란다면 우선 그들의 하루를 바꾸는 일부터 시작해보자. 빠른 결과를 내는 일을 제시하는 것이다.

나는 인스타그램을 하다가 매번 콘텐츠 아이디어를 짜는 일에 지쳐서 포기하는 경우가 많았다. 그래서 아이디어를 빠르게 짜는 방법을 알아냈고 그것에 대해서 사람들에게 정보를 무료로 공유했다. 사람들은 이런 방법이 있는 줄 몰랐다며 이제는 포기하지 않고 인스타그램을 잘해보겠다며 좋아했다. 이렇게 좋은 경험을 한 사람들은 나의 다른 강의에도 빠지지 않고 참여한다.

방탄은 시간을 3등분을 해서 각각 공연, 공부, SNS 활동에 사용한다고 한다. 바쁜 일정 중에서도 처음처럼 계속 SNS 활동을 하는 데 많은 시간을 쏟고 있다. 그만큼 팬들과 소통을 중요시한다는 의미도 된다. 당신도 슈퍼팬을 만들고 싶은가? 그렇다면 우리를 우연히 검색해서 찾은 사람들을 구독자로 만들고, 나아가 팬으로 만드는 방법은 그들과의 끊임없는 소통에 있음을 잊지 말자.

07

아직도 전자책 팔고 있니?

몇 년 전 우리나라에서 디지털 노마드라는 말이 인기를 끌면서 동시에 자동 수익을 낼 수 있는 방법이라며 인기를 끈 것이 있다. 바로 전자책이다. 마치 전자책을 하나 쓰면 엄청난 수익을 벌 수 있을 것 같은 이야기가 항간에 돌았고 그로 인해 크몽, 유페이퍼, 탈잉 같은 전자책을 판매하는 사이트가 짧은 시간에 엄청나게 성장을 했다. 지금도 네이버에서 전자책 챌린지를 검색하면 많은 글들이 올라오는 것을 확인할 수 있다. 하지만 전자책을 판매하는 많은 사람들 중에 다니던 회사를 그만둘 정도로 수익을 내고 있는 사람은 얼마나 있을까?

우리나라 전자책 시장 초기에는 많은 정보를 정리해서 담은 비법서라는 느낌이 있어서 비교적 많은 판매가 이루어지는 경우도 있었다. 하지만 지금은 전자책을 쓰는 진입장벽이 낮은 만큼 경쟁자도 많고, 또 내용의 질이 기대에 못 미치는 경우가 많아서 전자책 구입에 신중한 추세이다. 또 전자책 판매 플랫폼을 사용할 경우 20~50%의 수수료를 플랫폼에 지불해야 한다. 만 원짜리 전자책을 100권 팔았다고 할 경우 대략 50~80만 원을 벌 수 있다. 적지 않은 돈이지만 경제적 자유를 얻었다고 생각할 만큼의 돈은 아니다.

사실 해외시장 특히 미국에서는 전자책 같은 PDF파일이 예전부터 널리 쓰던 마케팅 수단이다. 하지만 미국에서는 전자책을 단독적인 수익 수단으로 보기보다는 무료로 배포하여 나의 메인 상품을 판매하기 위한 수단으로 쓰는 경우가 대부분이다. 우리나라에서는 내 전자책을 크몽, 유페이퍼 같은 판매 사이트에 올려두고 내 인스타그램이나 블로그로 홍보 해서 그 사이트로 유입시켜서 판매한다. 반면에 미국의 경우에는 본인 웹사이트를 만들고 인스타그램이나 유튜브 등의 소셜미디어를 통해 무료 전자책을 홍보해서 사람들을 본인 사이트에 모은 뒤 관련 주제 온라인 강의, 세미나 또는 제휴마케팅 등으로 수익을 낸다.

전자책 같은 PDF 소책자를 무료 제공하는 이유는 잠재고객을 확보하고 콘텐츠의 가치를 전달하고 구매 전환율을 증가시켜서 찐팬을 확보하는 데에 있다. 단순히 전자책을 판매해서 얻는 수익을 바라는 1차원적인 방식으로는 당신이 원하는 많은 수익이나 일하지 않고도 돈이 들어오는 경제적 자유를 얻기는 힘들 것이다.

당신은 이제 고객들이 당신을 발견하도록 하기 위해서 소셜미디어에 검색 가능한 콘텐츠를 올릴 것이다. 그다음에는 그 고객들을 한곳으로 모아야 한다. 그때 소책자 같은 PDF 자료들을 활용하는 것이다. 이때 명심해야 할 점은 무료로 제공되는 자료지만 유료급의 내용을 담고 있어야 한다는 것이다. 이 무료 콘텐츠를 받은 사람들이 '우와, 이렇게 좋은 정보를 무료로 알려주다니 유로 콘텐츠는 얼마나 좋을까?'라는 생각이 들도록 만들어야 한다.

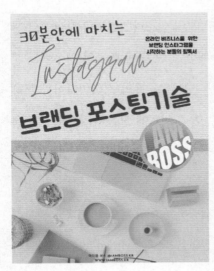

내가 리드마그넷으로 사용했던 전자책과 소책자 PDF

　위와 같은 PDF 파일 소책자를 만드는 방법은 간단하다. 혹시나 익숙하지 않은 독자가 있을 경우를 대비해서 제일 많이 사용하는 방법을 간단하게 설명하겠다. 우선 워드(Word)나 한글 등의 문서 프로그램으로 소책자에 들어갈 내용을 모두 입력한다. 그리고 '다른 이름으로 저장' 버튼을 누른 뒤 파일 이름을 적는 란 아래쪽의 파일 확장자 리스트에서 PDF를 선택 후 저장하면 된다.

　PDF 파일을 만들 때 유의할 점은 사람들 대부분이 휴대폰으로 전자책을 읽게 되기 때문에 글자 크기를 조금 크게 키우는 것이 좋다는 것이다. 온라인 서점에서 판매하는 e-book이나 전자책 전용 앱을 사용한 경우에는 휴대폰이나 태블릿 PC 화면 크기에 따라 페이지 크기가 자동 조정된다. 또 필요하면 손가락으로 화면을 늘이거나 글자 크기를 키울 수 있지만 PDF 파일은 불가능하다. 그래서 가능하면 만들 때 독자들을 위해 글자 크기를 적당히 크게 한 후 저장하면 좋다.

전자책 표지를 디자인하거나, 좀 더 욕심을 내서 전자책 내부 페이지도 디자인하고 싶다면 디자이너 툴인 캔바(Canva)를 이용하길 추천한다. 우리나라에서 잘 알려진 디자이너 툴은 망고보드, 미리캔버스, 캔바이 3가지이다. 이 3가지 모두 포토샵이나 일러스트 같은 디자이너 프로그램을 다운로드받지 않고도 사용할 수 있는 툴이다. 특별한 디자인 기술이 없어도 기본적으로 디자인되어 있는 다양한 템플릿을 사용해서 간단한 편집 후 인스타그램 템플릿, 블로그 같은 SNS 피드나 유튜브 썸네일, 프레젠테이션 등을 빠르게 만들 수 있다.

한국에서 만들어진 망고보드와 미리캔버스도 좋지만 나는 좀 더 다양한 디자인을 활용할 수 있는 캔바를 사용 중이다. 앞서 사진을 첨부한 3개의 소책자 표지도 모두 캔바를 이용해서 만들었다.

이 프로그램을 사용하면 이렇게 미리 디자인되어 있는 표지 중에서 골라서 사진, 글, 폰트 등을 내 전자책에 맞추어 변경하여 바로 사용할 수 있다. 표지를 만드는 데 5분이면 충분하다.

또한 랜딩페이지에 내 소책자가 좀 더 전문적으로 보이길 원한다면 내 소책자 사진들 중 세 번째처럼 3D 목업 사진으로 만들어보자. 여러 방법이 있겠지만 나는 DIY Book Covers 사이트(diybookcovers.com)를 이용하고 있다. 만드는 방법도 간단하고 무료로 이용할 수 있어서 좋다.

전자책 분야는 이미 경쟁이 치열한 시장이 되었다. 크몽에서 인스타그램에 대한 전자책을 검색해보면 몇백 개가 나온다. 이제서야 전자책을 쓰고 판매를 시작한다면 이미 어느 정도 판매가 되어서 높은 평점과 후기가 있는 사람들과 경쟁에서 이길 방법이 많지 않다. 물론 카테고리에 따라 경쟁률은 다르지만 쉽지 않은 것만은 사실이다. 경제적 자유를 얻는 것이 목표라면 전자책을 판매하는 것을 목표로 삼지 말고 전자책을 이용해서 강의나 코칭 서비스를 판매하는 것을 목표로 하자. 여러 가지 노하우를 가득 담은 판매용 전자책과 그것을 간단하게 요약한 리드마그넷용 전자책을 만드는 것이다. 출판된 책을 판매할 때 요약본 책을 주며 홍보하는 마케팅이 있다. 이처럼 요약본 책을 통해서 판매용 전자책을 홍보할 수도 있고 나아가 강의를 판매할 수도 있다.

08

지치지 않고 SNS 마케팅하는 방법

해외여행을 가기 전 여행지의 현지 날씨를 알고 그에 맞는 옷을 챙긴다고 가정해보자. 예전에는 구글이나 네이버에 '런던 12월 날씨', '뉴욕 3월 평균 기온', '발리 5월 말 날씨가 어떤가요?' 이런 식으로 검색을 했다. 하지만 요즘은 인스타그램에 해시태그나 지역으로 검색을 해서 그곳의 사람들과 도시의 최신 사진들을 살펴본다. 막연하게 '평균 14도 정도이다.'라는 답변보다는 사진 속 그 사람들이 입은 옷을 보며 스웨터를 챙겨야 할지, 민소매 옷을 챙겨야 할지 등을 더 확실하게 알 수 있는 것이다. 상황이 이렇다 보니 온라인 비즈니스 마케팅에 있어서 인스타그램, 유튜브 등 소셜미디어는 요즘 큰 부분을 차지하고 있다. 그래서 나와 내 강의를 효과적으로 알리기 위해서는 소셜미디어 활동도 놓치지 않고 꼭 해야 하는 것 중 하나이다.

웹사이트 준비, 리드마그넷 준비, 여러 강의 자료 준비 등을 하면서 SNS 마케팅도 해야 한다는 사실이 부담될 수도 있다. 더구나 우리는 일반 개인과 다르게 브랜딩 SNS를 운영해야 한다. 우리가 만든 고객 아바타에게 우리의 주제에 맞는 정보를 주면서 나를 알리는 동시에 신뢰를 쌓는 것이다. 하지만 SNS가 익숙하거나 글을 쓰고, 영상을 찍고 편집하는 것이 쉬운 사람이 아니라면 이런 SNS 활동이 큰 스트레스가 될 수 있다.

나도 처음 블로그를 시작했을 때 글 하나를 작성하는 데 2~3시간이 소요되었다. 또 인스타그램을 할 때도 하루하루 어떤 사진을 찍고 어떤 내용의 글을 올려야 할지 고민하느라 힘들었다. 어떤 것이라도 좀 올려보자는 생각에 책 사진, 음식 사진, 셀카 등 아무 생각 없이 그냥 올리기도 했다. 맞팔 활동으로 팔로우가 2,000명 이상 쌓였다. 충분히 비즈니스를 하려면 할 수 있는 숫자였지만 한 번씩 2~3시간에 걸려 홍보성이 짙은 카드뉴스 등을 만들어 올려도 사람들의 반응은 없었다. 매일매일 사진을 올렸고 눈이 아프도록 다른 사람들을 찾아가서 하트를 누르고 댓글을 달았지만 그 사람들을 통한 수익은 거의 없었다. 처음에는 이유를 알지 못했다.

그렇게 SNS를 시작하고 방치하고 다시 시작하기를 몇 번 반복하면서 내 인스타그램은 전혀 브랜딩이 되어 있지 않다는 것을 깨달았다. 나의 팔로워들은 내 비즈니스에 관심이 없는 사람들로만 채워져 있던 상태였던 것이다. 많은 사람들이 팔로워 숫자에 집착하는 경우가 많다. 댓글을 보면 "선팔 왔어요. 맞팔 해주실 거죠?"라는 것들이 아직도 많은 것을 보면 아직도 팔로워 숫자 올리기에만 신경 쓰는 것 같아서 안타깝다. 우리의 비즈니스 인스타그램은 내 주제에 관심 있는 사람들이 200명만 돼도 수익으로 연결할 수 있다. 팔로워를 늘리려고 하지 말고 SNS 브랜딩을 하려고 노력하자.

브랜딩 SNS는 그럼 어떻게 하면 될까? 나는 어떻게 하면 시간과 스트레스를 줄이고 효과적으로 할 수 있을지를 생각했다. 그리고 SNS 마케팅을 지치지 않고 할 수 있는 방법 몇 가지를 이 책에 공개한다.

먼저 많은 소셜미디어 채널 중에서 어떤 곳에 콘텐츠를 올릴 것인지 정하자. 영상을 찍고 편집하는 것에 어려움이 없다면 유튜브나 네이버 TV 등이 좋고, 글을 쓰는 것이 좋다면 블로그나 브런치 등을 이용하고, 사진과 짧은 글로 하고 싶다면 인스타그램이나 페이스북을 이용하면 된다. 본인이 꾸준히 콘텐츠를 만들고 올릴 수 있는 것으로 선택하자. SNS에서 우리를 알리기 위해서 제일 중요한 것 중 하나는 지속성이다. 하루에도 엄청난 양의 새로운 콘텐츠가 각각의 SNS에 올라온다. 그렇게 많은 콘텐츠들 사이에서 나의 콘텐츠가 눈에 띄기 위해서는 자주 새 콘텐츠를 업로드해야 한다. 이를 명심하고 본인이 꾸준히 올릴 수 있는 것으로 처음에는 한 가지만 정해서 시작해보자.

하루에 여러 개의 콘텐츠를 만드는 것이 힘들어서 며칠 올리다가 멈추기를 반복하는 것보다는 하루에 한 개씩 또는 일주일에 세 번, 이런 식으로 꾸준히 올리는 것이 더 좋다. 일주일에 몇 개의 새로운 콘텐츠를 올릴 것인지 정했다면 무슨 요일에 몇 시에 올릴 것인지도 함께 정하자. 그리고 이제부터는 그 정한 요일에는 꼭 새로운 콘텐츠를 올리는 것이다. 꾸준하고 일관성 있게 글을 올리기 위해서 SNS 계획을 세우는 것이 좋다. 그날그날 내가 생각나는 것을 올리는 것은 그만큼 많은 에너지와 시간을 필요로 한다. 나는 하루를 정해두고 1개월치 콘텐츠 계획을 짠다.

예를 들어 일주일 3회 인스타그램 포스팅을 하기로 정했다고 하자. 먼저 매주 월요일은 동기부여가 되는 짧은 명언, 수요일은 강의와 관련된 주제의 유용한 정보 전달, 금요일은 강의하는 모습이나 강의 준비하는 모습, 이런 식으로 큰 계획을 세운다. 그리고 한 달 계획표를 만들어서 어떤 내용을 담을 것인지 모든 것을 정해두는 것이다.

여러 콘텐츠를 한 번에 만드는 것에 어려움을 느낀다면 핀터레스트 등의 사이트를 통해 포스팅 아이디어를 얻는 방법을 추천한다. 해당 주제를 검색하면 참고할 수 있는 다양한 사진, 영상, 템플릿 디자인 등을 많이 찾을 수 있다. 이렇게 콘텐츠 주제와 디자인 등을 정하면 하루를 정해 해당하는 사진을 찍거나 템플릿 디자인을 할 수 있다. 이렇게 하면 한 달 동안 올릴 콘텐츠를 하루, 길게는 이틀 만에 모두 준비할 수 있다. 또 이렇게 계획을 짜고 준비하면 모든 콘텐츠에 일관성이 있어서 브랜딩을 더 확실하게 할 수 있다.

카드뉴스를 만들거나 정보성 있는 내용을 담은 템플릿 디자인은 앞서 추천한 무료 디자인 툴인 망고보드, 미리캔버스, 캔바(Canva)등을 이용하면 된다. 사실 나는 색감이나 구도 등을 잘 모르고 디자인 관련해서는 센스가 많이 부족하다. 그래서 기존에 이미 디자인되어 있는 템플릿들을 조금씩 수정해서 사용하는 경우가 많은데 캔바를 사용할 경우 사용할 수 있는 템플릿들의 종류가 훨씬 많다. 또한 해외의 다양한 사이트에서는 프리랜서 디자이너들이 여러 가지 템플릿을 디자인해서 판매하는 것을 찾을 수가 있다. 이렇게 판매되고 있는 다양한 템플릿을 구입하여 내 브랜드에 맞게 디자인을 바꿔서 무한대로 사용할 수 있다. 이 템플릿들을 사용하면 짧은 시간에 내 비즈니스 전문 디자이너가 있는 것처럼 SNS를 할 수 있다는 장점이 있다.

한 달 치 콘텐츠를 준비했다면 계획에 맞게 예약 업로드 툴을 사용해서 모두 예약해둔다. 네이버 블로그와 유튜브는 자체에 예약 업로드 방법을 사용하면 간단하게 예약할 수 있다. 또한 전에는 예약이 불가했던 인스타그램의 경우에도 이제는 페이스북 크리에이터 스튜디오(인스타그램용 크리에이터 스튜디오)를 이용한 예약 업로드 방법을 이용하면 된다. 아니면 나처럼 유료 업로드 앱을 사용하는 것도 추천한다. 포스팅 전 미리 내 계정의 피드 디자인이 어떨지 확인해볼 수 있고 첫 댓글과 해시태그까지 한 번에 관리할 수 있어서 편리하다. 굳이 유료 앱까지 사용해서 예약 업로드를 해야 하는지 묻는다면 이것은 철저히 개인의 선택에 맡긴다.

나도 처음에는 앱에 지불하는 금액이 부담스러워서 정한 요일에 잊지 않고 계획에 맞게 새 콘텐츠 업로드를 해야겠다고 시작했었다. 하지만 생각만큼 해당 날짜에 글을 올린다는 것이 쉽지 않았다. 미리 콘텐츠를 만들어두었어도 자꾸 해당 요일에 포스팅을 잊는 경우가 발생했다. 그래서 나는 유료 앱을 사용해서라도 제대로 브랜딩을 하기로 마음먹었고 그 선택을 절대 후회하지 않는다. 참고로 이렇게 유료로 인스타그램 콘텐츠 관리를 해주는 앱에는 플래놀리(Planoly), 프리뷰(Preview), 레이터(later) 등이 있다. 특히나 내가 사용 중인 플래놀리의 경우 인스타그램과 핀터레스트 공식 파트너라고 사이트에 안내가 되어 있으니 걱정 없이 사용할 수 있다.

'브랜드 인스타그램 지치지 않고 하는 방법'에 대한 설명은 내 유튜브 채널에 좀 더 자세히 언급되어 있으니 자세한 정보가 궁금하다면 내 유튜브 채널 〈보스언니(BossUnnie)〉에서 영상을 찾아보기 바란다.

　온라인상에서 나의 비즈니스를 사람들에게 알리기 위해서 페이스북, 유튜브, 인스타그램 등의 광고를 사용하는 경우도 많다. 물론 광고도 잘한다면 효과는 좋다. 하지만 잠재고객들에게서 신뢰를 쌓은 후 판매가 이루어지는 경우와 비교했을 때 후자의 효과는 더 크다. 내 강의가 주는 정보의 내용을 어느 정도 알고 신청한 사람들과 전혀 모르는 사람의 강의를 듣는 사람들의 만족도 또한 차이가 난다. 또한 꾸준히 잠재고객을 만들고 신뢰 쌓기가 진행된 후 강의를 런칭한다면 광고비를 전혀 쓰지 않고도 많은 수의 수강생을 모을 수 있는 방법이니 꼭 소셜미디어 활동을 하면서 강의 준비를 하기를 바란다.

PART 4

내가 팔지 않아도
저절로 팔리는
지식상품 만들기

An INFOPRENEUR in AFRICA

6가지 수익화 모델

당신이 콘텐츠를 꾸준히 유튜브나 블로그 등에 발행하고 있고 그로 인해서 사이트에 정기적인 트래픽이 생기면서 고객 정보를 착실히 쌓고 있다면 이제 수익화할 시간이다. 고객이 모이면 온라인 강의 이외에도 수익을 낼 수 있는 방법은 늘어난다. 수익화를 하는 방법은 여러 가지가 있겠지만 대표적인 6가지에 대해 이야기하겠다.

첫 번째 광고

내 사이트나 유튜브 채널, 블로그 등에 광고를 달고 그 광고 수익을 받는 것이다. 유튜브 처음이나 중간에 나오는 광고와 블로그나 카페에 광고 배너를 다는 방식이다. 광고주에게 적합한 곳이 되기 위해서 어느 정도의 기준이 정해져 있다. 그 기준에 부합하기 위해서는 꾸준한 콘텐츠 발행 및 고객 리스트 관리가 필수다.

두 번째 제휴 마케팅(Affiliate marketing)

내가 파트너사의 웹사이트에 새로운 방문자, 회원, 고객, 매출을 발생시키면 그 파트너사에서 소정의 보상을 받는 방식이다. 우리가 잘 아는 쿠팡파트너스나 링크프라이스 등이 여기에 해당된다. 현재 블로그와 유튜브를 하는 많은 사람들이 이런 제휴 마케팅을 이용하고 있는 것을 쉽게 볼 수 있다. 어떤 물건의 사용 후기를 올리고 구매를 원한다면 아래에 링크를 첨부해서 바로 사이트로 방문하는 것을 유도한다. 그때 그 고객이 이용하는 링크에 이미 블로그 주인의 파트너 코드가 들어있어서 수수료를 받게 되는 것이다.

해외에서는 특히 이 제휴 마케팅이 굉장히 활성화되어 있다. 나도 현재 Teachable, Kajabi, Canva 등의 제휴 파트너로 누군가가 내 링크를 이용해서 유료 멤버가 되면 소정의 비용을 받는다.

세 번째 후원(크라우드 펀딩)

아프리카TV는 누구든지 방송을 진행하는 BJ가 될 수 있고 참여자와 소통할 수 있는 1인 미디어로 유명한 플랫폼이다. 방송의 만족도에 따라 참여자들은 진행자에게 별풍선이라고 하는 후원을 주기도 하는데 이것이 일종의 크라우드 펀딩이다. 이와 같은 후원 제도는 유튜브에서도 가능하다.

또한 Patreon 같은 플랫폼을 이용하면 정기적으로 콘텐츠를 발행하는 것에 대한 수익을 월간 멤버십을 통해서 만들 수 있다. 내 창작물에 관심이 있는 회원들에게만 집중할 수 있어서 조회수나 안티팬들을 신경 쓰지 않아서 많은 크리에이터들이 이용하는 플랫폼이다.

네 번째 프리랜스 서비스

콘텐츠를 사용해서 청중과 신뢰를 구축했다면 서비스를 판매할 수 있다. 유튜브에 워드프레스로 웹사이트 만드는 방법을 꾸준히 올려서 어느 정도 청중이 모였다면 웹사이트 제작 주문을 받는 것이다. 영상을 보는 사람들에게 웹사이트 전문가라는 이미지가 심어지기 때문에 먼저 제작 의뢰가 들어오는 경우도 많다.

다섯 번째 컨설팅 서비스

프리랜서와 유서하지만 서비스를 제공하는 대신 코치나 컨설턴트로서 전문 지식을 제공하는 방식이다. 자신의 책을 내고 싶은 사람들에게 책 쓰는 방법, 출판기획서 쓰는 방법 등에 대해서 알려주고 컨설팅하는 것이 여기에 해당한다.

내 콘텐츠와 관련 된 유·무형 제품을 파는 방법이다. 요즘에는 개인 사업을 하는 사람들도 콘텐츠 활동을 하는 것이 필수다. 책의 앞부분에서 언급한 건어물을 판매하는 '자갈치건어야'님처럼 자신의 상품을 판매할 수 있다. 뿐만 아니라 콘텐츠가 인기를 얻어서 자신의 상품을 새롭게 런칭하는 경우도 있다. 아이들에게 선풍적인 인기를 얻은 '캐리와 장난감 친구들'이라는 유튜브 채널을 한 번쯤 들어봤을 것이다. 이 채널에서는 주로 어린이 장난감을 가지고 노는 모습을 보여준다. 채널이 인기가 많아지자 장난감 광고를 원하는 경우가 늘어났는데 어느 순간부터는 캐리와 장난감 친구들이라는 이름을 단 장난감이 출시되었다. 그리고 같은 이름으로 어린이 뮤지컬도 진행했다. 이렇게 자신의 채널을 단 유형, 무형 제품으로 수익을 낼 수 있다.

또는 디지털 상품을 판매할 수 있다. 그 상품은 우리가 만드는 강의가 될 수도 있고 전자책 등도 될 수 있다. 나는 이 디지털 상품 판매를 선호한다.

최근에 스마트스토어에 물건을 팔거나 아마존에 입점하여 판매하는 것이 인기가 많았다. 도매로 물건을 구매해서 팔거나 좋은 물건을 싸게 제작해서 파는 형식이다. 나도 물건을 해외에서 직구해서 팔아보기도 하고, 재료를 저렴하게 구매해서 약간의 작업을 통해 반수제품을 완성해서 판매하는 것도 해봤다. 하지만 이런 것들은 초기 사업자금도 필요하고, 고객 상담도 하고, 제품을 보관하고, 포장하고, 배송하는 등의 일손이 많이 필요하다(배송대행도 가능하지만 마진율이 떨어진다.).

반면 다양한 디지털 상품들을 잘 세팅해서 판매한다면 자동으로 돈을 벌수 있다. 내가 콘텐츠를 꾸준히 올리고 고객 리스트 관리를 잘 하는 정도로 하면서 디지털 상품을 판매하면 내가 자고 있는 동안에도 판매가 이루어진다. 또 상품의 종류에 따라 전 세계 어디로든 무제한으로 판매할 수도 있다. 당신이 회사를 다니면서도 여유시간에 디지털 상품을 만들어서 팔 수 있다는 것도 지금 당장 당신이 디지털 상품을 만들어야 하는 이유이다.

이렇게 자동수익을 가져올 수 있는 디지털 상품에는 녹화한 강의 코스를 판매, 전자책, 고퀄리티 사진이나 그림을 판매, 스마트폰 앱, 이모티콘 판매하는 등 많은 것이 있다. 이 중에서 내가 제일 효과적이라고 생각하는 것은 온라인 강의이다. 그 이유는 아래와 같다.

우선 앱을 만들거나 사진을 배워서 상품화하는 것보다 빨리 쉽게 할 수 있다. 내가 잘 하는 것으로 주제를 정하면 바로 휴대폰으로 영상을 찍으면 강의를 완성할 수 있다. 또한 전자책보다는 영상 강의가 더 효과적이다. 그리고 더 많은 금액을 청구할 수 있다. 당신이 정말 흔치 않은 정보를 전자책에 담아 판매한다면 얼마를 받을 수 있을까 생각해보자. 좋은 앱을 만들어서 판매한다면 얼마에 팔 수 있을까? 상대적으로 온라인 강의는 더 많은 금액을 벌 수 있다. 녹화된 강의를 판매하면 강의 수강생들은 본인들이 원하는 시간에, 원하는 장소에서 강의를 들을 수 있어서 만족도도 높다.

제일 좋은 부분은 온라인 코스는 완전한 자동화 시스템이 가능하다는 것이다. 강의를 녹화해두고 세일즈페이지에 결제링크를 세팅해두면 고객들은 결제와 동시에 강의를 들을 수 있다. 내가 이야기한 자동화 툴들을 사용하면 강의실 링크 등의 각종 안내며, 자료 다운로드 등도 자동으로 이루어진다.

또 효과적인 디지털 상품 중의 하나로는 구독경제(멤버십)가 있다. 구독경제는 일정액을 내면 사용자가 원하는 상품이나 서비스를 공급자가 주기적으로 제공하는 것을 말한다. 넷플릭스나 디즈니플러스 같은 채널 운영방식으로 널리 알려져 있다. 당신이 만든 강의 리스트가 굉장히 방대하다면 멤버십 사이트를 운영하는 것이다. 매달 금액을 내면 기존자료 + 매주 업데이트되는 강의를 들을 수 있도록 하거나 평생회원제로 운영하는 방법도 있다.

내가 좋아하는 유명 강사 김미경이 운영하는 MK대학이 이 멤버십 상품에 속한다. 매주 김미경이 직접 만드는 콘텐츠를 볼 수 있고, MK대학 멤버들만 그 플랫폼에서 운영하는 각종 강의들을 신청할 수 있다. 매우 좋은 디지털 상품이지만 이것은 어느 정도 온라인 코스가 안정화되고 슈퍼팬들이 쌓인 다음에 시작하길 바란다.

당신이 수익을 내고 싶다면, 무료 콘텐츠를 만들고 리드마그넷을 만든 후에 사람들에게 판매할 디지털 제품을 바로 만들어야 한다. 내가 추천하는 온라인 코스를 만드는 것도 좋고 다른 능력이 있다면 그것을 활용하는 것도 좋다. 무료 콘텐츠가 인기가 있고 고객 리스트가 쌓일수록 당신이 수익화할 수 있는 방법은 무한대로 늘어난다.

02

고객이 사고 싶어 하는 강의의 비밀

큰 기업들이 왜 새로운 제품을 출시하기 전에 많은 돈을 들여서 시장 조사를 실시하는지 생각해보자. 사람들이 기존 제품에 어떤 점을 불편해 하는지 조사하고 어떤 기능이 추가되기를 바라는지 등을 조사한다. 그 리고 제품 출시 전 샘플을 만들어서 체험단을 모아서 실제로 사용해보게 하기도 한다.

이렇게 사전 조사를 많이 하고 런칭해도 성공하지 못하는 제품들이 있 다. 전문가들이 모여 있는 큰 기업의 제품 출시도 이렇게 다양한 조사를 하는데 대부분의 사람은 그런 전략적인 고객조사를 하지 않는다.

"내가 이런 것을 잘하니까 이것에 대해 강의하면 사람들이 좋아할 거야."

"내 친구가 이것을 어려워했으니 이것에 대해 강의해야지."

단순하게 이렇게 생각하고 잘 될 것이라는 생각만 가지고 호기롭게 강의를 만들고 런칭한다. 다행히도 그 생각이 맞아서 잘 팔린다면 다행이지만 그런 행운을 바라고 시작하는 것은 시간과 노력을 낭비하는 결과가 될 가능성이 높다.

앞에서 이야기했듯이 그런 생각을 가지고 만든 나의 첫 온라인 강의는 완전히 실패했다. 열심히 준비한 온라인 강의가 팔리지 않는 대부분의 이유는 강의를 만들 때 충분한 조사를 하지 않기 때문이다. 과거의 내가 그랬던 것처럼 온라인 강의를 만들기만 하면 사람들이 사겠다고 몰려들 것이라고 가정하지 말아야 한다.

그렇다면 잘 팔리는 강의를 만들기 위해서 어떤 조사를 해야 할까. 우선 기존에 나와 있는 관련 주제 콘텐츠들을 살펴보자. 나는 먼저 온라인 서점으로 들어가서 해당 주제로 출판된 책들을 확인한다. 가장 많이 팔린 책들을 살펴보고 목차를 보며 내용을 훑어보고 사람들의 리뷰를 확인한다. 사람들은 어떤 점을 좋아했는지 어떤 부분을 부족하다고 생각했는지 등을 보며 강의 아이디어를 얻는 것이다.

유튜브에서 해당 주제로 영상들을 검색한 후 가장 많은 조회수를 기록한 동영상은 무엇인지 확인해보는 것도 좋다. 사람들의 댓글이 가장 많이 달리고, 반응이 많은 것은 무엇인지 확인하자. 댓글들을 읽어보며 사람들이 어떤 것에 열광하고 어떤 점에 도움을 요청하는지 확인함으로써 힌트를 얻을 수 있다. 같은 활동을 블로그 글도 찾아보고, 해당 주제의 커뮤니티에 가입해서 반복해서 조사하는 것이 좋다. 또 사람들이 많이 구입하는 것이 무엇인지 확인해보자. 예를 들어서 다이어트에 관심이 많은 사람들이 저탄고지 다이어트를 선호해서 방탄커피를 많이 구입한다면 나의 다이어트 관련 강의에 해당 내용을 넣어보는 것이다.

그동안 모은 잠재고객 리스트가 있다면 그들에게 설문 이메일을 발송하는 것도 효과적이다. 설문지는 구글 문서 기능을 사용하면 무료로 간단하게 만들 수 있다. "내가 다음에는 이 주제에 대해서 도움이 되는 강의를 준비하려고 하는데 어떤 점이 어렵습니까?" 이런 식으로 묻는 것이다. 많은 사람들이 설문조사를 하는 것을 좋아하지 않기 때문에 응답률이 낮을 수 있다. 그래서 설문조사를 잘 적어주는 사람에게 상금 또는 상품을 준다고 하는 것도 좋은 방법이다. 실제로 나도 선물을 준다고 했을 때 응답률이 많이 높아졌다.

이때 질문은 대부분 객관식으로 준비하는 것이 좋다. 사람들은 설문조사에 많은 시간을 쓰고 싶지 않아 한다. 그러므로 구체적인 질문과 선택지를 설정해서 객관식으로 준비하자. 그리고 마지막 한두 개의 주관식 질문을 넣어 자유롭게 요청 사항을 적도록 하면 좋은 아이디어를 얻을 수 있다.

이렇게 조사한 것들을 확인한 후 많은 사람들이 원하는 것에 대한 과정을 만들면 된다. 이런 조사 과정을 거치면 당신은 사람들이 어떤 것을 원하는지 정확히 알게 될 것이다. 그리고 그 과정을 만들었을 때 사람들이 신청할 가능성도 높아진다.

서점에 한 분야의 책이 모여 있다. 그중에서 당신이 어떤 책을 먼저 집어드는지 생각해보자. 아마도 표지에 적힌 책 제목을 보고 선택할 것이다. 그리고 내용을 확인하기 위해 목차를 훑어보며 어떤 내용이 들어가 있는지 살펴볼 것이다. 당신이 만드는 강의 제목도 그렇게 눈에 띄는 것으로 만들어야 한다. 그리고 강의 제목에 관심을 갖은 사람들이 커리큘럼 리스트를 확인했을 때 '이 강의를 꼭 들어야겠다.'라고 생각하게 만드는 것으로 정해야 한다. 팔리는 강의를 만들기 위해서는 반드시 사람들이 보고 신청하고 싶다고 생각할 수 있는 제목과 목차를 만들어야 한다.

사전 조사를 할 때 사람들이 해결하기를 바라던 점, 성취하고 싶었던 점을 참고해서 이름을 만드는 것이 효과적이다.

'토익 LC 공부 안 하고 만점 받기'

'하루를 30시간으로 쓰는 시간관리'

'대기업 인사부장이 알려주는 자소서 작성법'

현재 인기 많은 강의들의 실제 이름이다. 이런 식으로 강의 제목을 정하면 내가 설정한 고객 아바타들이 내용이 궁금해서 확인할 것이다. 자세한 내용을 카피라이팅 부분에서 자세히 설명해두었으니 그 부분을 읽어보길 바란다.

강의 아이디어가 부족하다면 『백만장자 메신저』의 브랜든 버처드가 추천하는 100가지 혜택 리스트(The 100 Benefits) 작성을 해보자. 고객이 내 제품을 구매할 경우 받게 되는 혜택을 100가지 적어보는 것이다. 솔직히 100개를 적는 것은 굉장히 어려운 일이다. 하지만 이 단순한 작업을 하면서 굉장히 많은 아이디어를 얻을 수 있다.

먼저 이 방법은 계속해서 고객이 얻을 가치에 대해서 생각하게 한다. 내가 누차 이야기했듯이 강의는 가치를 전달하는 것이다. 하지만 강의를 무심코 만들다 보면 프로그램 사용 방법 등 기능 중심으로 만들게 되기 쉽다. 이 100가지 혜택은 고객들이 원하는 문제 해결에 집중하도록 도움을 준다. 만약 작성한 리스트가 10개 이하로 너무 적다면 아직 해당 주제에 대해서 준비가 덜 된 것이다. 100개의 리스트를 채울 더 많은 혜택을 생각해내려고 하면서 새로운 좋은 아이디어를 계속 떠올리게 된다.

당신이 당신 강의에 대해서 혜택이 많다고 생각이 들지라도 이것들을 직접 종이에 적어 보면 충분하지 않다는 것을 알게 될 수도 있다. 나도 강의를 계획하게 되면 항상 굉장히 좋은 혜택들을 준비했다는 생각을 한다. 그런데 막상 리스트를 종이에 적다 보면 20개를 채우기도 힘들다. 계속 새로운 혜택을 생각하다 보면 판매할 때 어떻게 이야기해야 할지, 더 팔리게 하기 위해서는 어떻게 해야 할지도 떠오르게 된다.

SBS에서 진행하는 백종원의 〈골목식당〉이라는 프로그램이 있다. 전국의 다양한 동네 식당들에 요식업 전문가 백종원 씨가 직접 가서 도움을 주는 프로그램이다. 몸에 좋은 재료를 다양하게 넣어서 소스를 만들었음에도 인기가 없는 떡볶이, 본인이 엄청난 연구를 통해 개발한 방법으로 만든 막걸리, 맛은 좋지만 수익성이 없어서 힘든 식당 등 각자 다양한 문제점을 가지고 있다. 몇몇 식당을 제외한 대부분의 사장은 본인의 음식에 자부심이 있다. 나름 연구를 했고 주변 사람들에게 음식 맛이 좋다는 소리를 들었던 사람들이다. 그들은 이렇게 말한다.

"내 소스의 장점은 이러이러한 것이 있는데 손님들이 그것을 모른다."
"열심히 연구해서 만드는데 왜 장사가 안 되는지 모르겠다."

하지만 아이러니하게도 백종원을 포함한 출연진이 만족하는 맛을 내는 식당은 많지 않다. 맛이 왜 만족스럽지 못한지 그 원인을 알아내다 보면 재료가 신선하지 못하거나 잘못된 조리 방법을 사용하고 있어서인 이유도 있지만 대부분은 음식이 사장의 취향에 맞추어져 있기 때문이다. 사장이나 요리사 본인이 싱겁게 먹기 때문에 판매하는 음식에 간을 적게 하거나 단가를 맞추기 위해 다른 부위를 사용한다든지, 조리시간을 단축하기 위해 잘못된 방법을 쓰는 것이다. 백종원은 항상 그 사람들에게 본인의 입맛에 맞는 음식을 만들지 말고 손님들에게 맞추라고 조언한다. 좀 더 대중적인 맛을 내는 방법을 알려주고 효과적인 재료 선별 방법 등을 알려준다.

나는 온라인 강의를 만드는 당신에게도 같은 이야기를 하고 싶다. 당신이 만들고 싶다고 생각하는 강의를 만들지 말고 사람들이 돈을 지불하고 듣고 싶어 하는 강의를 만들어야 한다. 사람들이 이 강의를 돈 주고 듣고 싶어 할지, 내용은 충분히 담고 있는지 항상 생각해라. 내가 이야기한 여러 가지 방법으로 사람들에게 어려운 점과 원하는 점을 묻고 조사해서 강의에 반영해라. 이것이 고객이 듣고 싶어 하는 강의를 판매하는 방법이다.

03

한국에서 이것 모르면 사업 못 한다

2010년에 처음 나타난 이것은 2018년 대한민국 점유율 94.4%(안드로이드폰 기준)로 사실상 전 국민이 사용하고 있는 앱이다. 한국에서 이것을 모르는 사람이 없을 정도로 유명한 이것은 무엇일까? 바로 카카오톡(이하 카톡)이다. 카카오톡 이용자가 이렇게 많다 보니 오히려 대한민국에서 카톡을 사용하지 않는 사람은 불이익을 받는 경우도 있다. 내가 첫 스마트폰을 구입하게 된 이유도 이 카톡 때문이었다. 대학이나 직장에서 단톡방 기능을 이용해서 공지를 하거나 공적인 대화를 하고, 심지어 행정기관이나 공공기관에서도 고지서를 카톡으로 전달하기도 한다.

카톡은 이제 단순한 메신저를 넘어서 각종 판매, 광고, 마케팅 방법으로 사용되고 있다.

　다양한 온라인 마케팅을 수년 전부터 활발하게 활용해온 미국에서도 정보를 얻을 수 없는 대한민국 최강 마케팅 방법을 소개한다. 바로 오픈 채팅방이다. 웬만한 사람들은 이미 한 군데 이상의 오픈 채팅방에 속해 있을 것이다. 카톡을 사용하는 사람들이 많은 만큼 오픈 채팅방을 잘 활용하면 이메일 마케팅 이상의 수익을 낼 수 있다.

　우선 일반 단체톡방(단톡방)과 이 오픈 채팅방의 차이를 알아야 한다. 단톡방과 오픈 채팅방은 둘 다 1:1이 아닌 다수의 사람과 함께 대화를 나눌 수 있는 톡방이다. 그런데 단톡방의 경우에는 내가 아는 사람들과만 대화를 나눌 수 있는 반면 오픈 채팅방은 내가 모르는 사람들과도 대화를 나눌 수 있다. 어떤 특정 주제에 대해 관심 있는 사람들이 나이, 성별 등의 제한 없이 모여서 자유롭게 대화를 나눌 수 있는 공간이 되는 것이다. 일정 주제에 대해 관심사가 같은 사람들이 모여 있기 때문에 이곳에서 내 상품을 판매하는 것이 더 쉽다.

　유튜브를 시작하려고 하는 사람들이 모여 있는 오픈 채팅방이 있다고 하자. 유튜브 초보인 사람들이 모여서 영상은 어떤 카메라로 찍어야 하는지, 마이크나 조명은 어떤 것을 써야 할지 서로 이야기를 나눈다. 그때 한두 번이라도 유튜브 영상을 찍어서 올려 본 경험이 있는 사람이 있다면 그 사람들을 상대로 영상 장비 안내 강의를 할 수 있을 것이다. 너무 많은 제품과 또 많은 정보로 어떻게 해야 할지 모르는 사람들에게 정보를 주면서 내 강의를 판매하거나 제품을 판매할 수 있다. 또 마이크와 조명을 추천하면서 제휴링크를 알려주어서 수익을 올릴 수도 있다.

오픈 채팅방이 단톡방과 또 다른 큰 차이점은 오픈 채팅방은 내보내기 기능이 있다는 것이다. 오픈채팅을 개설한 사람은 관리자를 설정할 수 있고 이들은 오픈 채팅방 분위기에 맞지 않는 사람들을 내보낼 수 있다. 오픈 채팅방의 경우에 검색해서 누구나 들어갈 수 있기 때문에 참여 비밀번호를 걸어놓지 않거나 비밀번호가 유출되었을 경우 불특정 다수가 들어올 수 있다. 종종 링크 등이 담긴 광고 글만 남기며 돌아다니는 사람들이 있다. 이런 사람들이 들어와서 채팅방의 성격과 전혀 상관없는 주제에 대한 광고 글을 다수 남기면 오픈 채팅방의 분위기가 나빠진다. '채팅방이 변경되었으니 아래의 링크를 눌러서 이동하세요.'라는 가짜 정보를 올려서 채팅방 사람들에게 혼동을 주기도 한다. 이럴 때 그 사람이 작성한 글을 바로 지우고 채팅방에서 쫓아낼 수 있기 때문에 내보내기 기능은 매우 중요한 기능이다.

오픈 채팅방 참여나 개설은 카카오톡 아이디만 있다면 누구나 가능하다. 일단 채팅방을 개설하면 참여할 수 있는 url 주소가 자동으로 생성되기 때문에 이 url 주소를 사람들에게 공유해서 채팅방 입장을 유도하면 된다.

이제 리드마그넷을 통해서 고객의 연락처와 이메일을 받는 것의 중요성을 이 책을 절반 이상 읽은 당신은 알게 되었을 것이다. 그 이메일로 시퀀스 메일을 정기적으로 보내서 소통을 하는 방법도 앞에서 이야기했다. 그런데 한국에서는 이 오픈 채팅방을 사용하면 이메일보다 훨씬 효율적으로 고객 관리를 할 수 있다. 고객에게 받은 연락처로 내가 만든 오픈 채팅방의 url 주소를 문자 발송하는 것이다. 이미 내 주제에 관심을 갖고 리드마그넷을 받기 위해 연락처를 남겼던 사람들이기 때문에 오픈 채팅방 활동 혜택을 함께 안내한다면 채팅방 참여율은 아주 높아진다.

이메일에 좋은 내용을 담아서 발송을 하더라도 그 메일을 확인하는 비율은 생각보다 높지 않다. 스티비 이메일 마케팅리포트에 따르면 평균 메일 오픈율은 12.9%이다. 그리고 이메일 내부 링크를 클릭하는 확률은 2% 이하이다. 상대적으로 오픈 채팅방에 글을 쓰면 많은 사람들이 글을 확인한다. 또한 글 속의 링크를 확인하는 확률도 매우 높다.

오픈 채팅방은 주식이나 마케팅 같은 정보를 많이 필요로 하는 분야나 골프, 낚시 같은 취미나 마니아층이 존재하는 특정 분야에서 특히 수익화가 잘된다. 지속적으로 새로운 정보가 올라오고 챌린지가 진행되는 등 채팅방이 활성화되도록 관리를 잘 하는 것이 중요하다. 매주 무료 강의를 진행하거나 정보가 담긴 전자책을 한 달에 한 번씩 채팅방에 공유하는 것도 활성화를 위해 자주 쓰는 방법이다.

내 마스터강의 수강생 중에 인스타그램 강의를 하는 T가 있다. 그녀는 인스타그램을 꾸준히 하면서 얻게 된 비결들을 강의하는데 오픈 채팅방을 아주 잘 활용한다. 2주에 한 번씩 인스타그램 관련 무료 강의를 연다. 그리고 인스타그램 1일 1포스팅 같은 챌린지 프로그램도 저가로 진행한다. 그녀의 메인 수익라인은 인스타그램 강의이다. 강의 수준을 초급과 중급으로 나누어서 매달 번갈아 가면서 각각 4주 과정으로 진행한다. 항상 강의 런칭 전 홍보를 할 때 오픈 채팅방으로 우선 사람을 모은다. 그리고 그 채팅방 안에서 강의에 대해 설명하고 모집을 한다. 모집 방법도 간단하다. 세일즈페이지를 별도로 멋지게 만들 필요도 없이 구글 문서 설문지를 이용해서 신청서를 받고, 강의료는 계좌 입금을 받거나 미리 계약해둔 결제 앱 링크를 전달해서 받는다. 또 강의를 듣는 사람들을 모아 별도의 수강생 전용 오픈 채팅방을 새로 만들어서 관리한다. 이 채팅방에서는 과정에 대한 자유로운 질문과 답변을 서로 할 수 있다.

오픈 채팅방은 최고 1,500명까지 참여할 수 있다. 하지만 몇백 명만 있어도 수익률이 높다는 점도 오픈 채팅방의 장점이다. 100명 정도만 모여도 활성화만 잘되면 몇백만 원 이상의 수익을 낼 수 있는 곳이다. T의 오픈 채팅방의 인원수는 400명 정도이고 그녀는 매달 오픈 채팅방에서 모집하는 강의로만 150만 원 정도의 수익을 내고 있다.

내가 처음부터 오픈 채팅방을 운영하지 않은 것은 사람들이 전화번호를 남기는 것을 매우 꺼릴 것이라는 생각 때문이었다. 그래서 사람들이 상대적으로 쉽게 남기는 이메일 주소와 이름만 수집했었다. 하지만 무료 웨비나를 신청했으면서도 강의실 링크가 담긴 이메일을 확인조차 하지 않는 사람들이 있다는 것을 알게 되었다. 쉽게 정보를 남기는 만큼 강의도 쉽게 생각하는 것이다.

문제는 그것뿐이 아니었다. 이메일 마케팅을 하면서 메일 오픈율과 클릭률이 너무 낮은 것을 확인하고는 이메일 시퀀스보다 더 효과가 좋은 방법은 없을까 찾기 시작했다. 물론 이메일 시퀀스를 활용하는 것도 효과가 있다. 이메일 발송은 문자를 발송하는 것과 달리 비용도 들어가지 않기 때문에 원하는 만큼 보내는 것에 부담이 없다는 것도 장점 중에 하나였다. 그러던 중 나는 우연히 1,500명 제한 인원을 꽉 채운 어떤 인플루언서의 오픈 채팅방에 참여하게 되었다. 이 오픈 채팅방 개설자는 많은 대화를 나누지도 않았고 무료강의를 해주지도 않았다. 하지만 모두 같은 주제에 관심을 갖고 있었기 때문에 참여자들 사이에 대화가 많았다. 1,500명이 모여 있다 보니 다양한 전문가들이 많아서 정보교환이 자동으로 이루어졌다. 어떤 사람이 세금에 대해서 질문을 하면 세무사가 답변을 해주고 스마트스토어에 대해서 문의를 하면 현재 스마트스토어에서 판매를 하고 있는 사람이 답변을 해주는 형식이었다. 톡방 개설자는 종종 등장해서 간단한 답변을 해주거나 자신의 일상을 이야기하고는 사라졌다. 그러다가 새로 런칭하는 강의가 있으면 그 톡방에 미리 공지를 했고, 그곳 사람들은 런칭 날 올린 링크로 몰려가 구매했다. 그는 그렇게 오픈 채팅방을 이용한 마케팅으로 하루 만에 몇 억의 수익을 냈다.

이 모습을 보고 나는 적지 않은 충격을 느꼈다. 물론 오픈 채팅방의 개설자에게는 많은 슈퍼팬들이 있었기에 그만큼의 수익률을 낼 수 있었다. 나는 그때 슈퍼팬들이 없었지만 오픈 채팅방의 가능성을 보는 계기가 되었고 그때부터 준비해서 현재는 나도 총 네 개 오픈 채팅방을 운영하고 있다. 그 오픈 채팅방들은 내가 강의를 만들 때 가장 먼저 의견을 묻는 곳이기도 하고 강의 소식을 제일 먼저 알려주는 곳이기도 하다. 우리에게 이렇게 많은 사람들이 사용하는 플랫폼이 있다는 것은 대단히 유리한 점이다. 물론 오픈 채팅방을 운영한다고 해서 모두 수익화를 잘하는 것은 아니다. 특징을 제대로 알고 효과적으로 운영해야 한다. 여러분도 한국식 마케팅인 오픈 채팅방을 적극 활용하길 바란다.

04

고객이 오는 길에 레드카펫을 깔아두자

만약에 큰 통에 있는 기름을 입구가 작은 병에 넣는다고 하면 우리는 깔때기를 이용할 것이다. 우리가 온라인 강의 판매를 할 때도 우리는 세일즈 깔때기를 사용해서 우리 주제에 관심이 있는 일반 사람들을 구매자로, 학생으로 천천히 안내한다. 마케팅, 세일즈를 공부해봤다면 한 번쯤 들어보았을 세일즈 깔때기(Sales Funnel), 세일즈 파이프라인(Sales Pipeline)이다. 내가 아주 좋은 강의를 만들었다고 해서 모든 사람이 관심을 갖지는 않는다. 또 관심을 가졌다고 해서 내 사이트에 와서 추가 정보를 둘러보지도 않는다. 또한 추가 정보를 모두 보고 강의를 구매하는 사람들도 그중에 일부분이 될 것이다. 이렇게 내 콘텐츠에 관심을 갖는 사람들이 최종적으로 구매까지 이루어질 때까지 단계별로 점점 이탈 인원이 생기다 보니 깔때기 모양처럼 된다. 그렇게 판매 잠재고객과 구매 프로세스에서 잠재고객의 위치를 시각적으로 표현한 것이 세일즈 깔때기이다. 'Part 3의 5, 강의를 만들기 전에 사람을 모으자'에서 언급한 고객이 나에게 오는 길과 같은 개념이다.

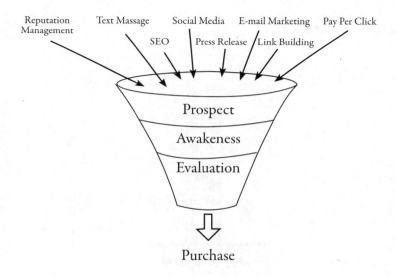

이 세일즈 깔때기 개념을 이해했다면 세일즈 파이프라인을 만들자. 세일즈 파이프라인은 잠재고객이 나의 콘텐츠를 발견하고 나의 고객이 되기까지의 일련의 단계이다. 멀리 떨어져 있는 호수의 물을 내 집으로 오게 하려면 물이 오는 길인 파이프라인이 있어야 한다. 파이프라인을 공사하는 처음에는 해야 할 일도 많고 시간도 오래 걸린다. 하지만 한번 잘

구축해놓으면 호수에 물이 마르지 않는 이상 내 집으로 물이 계속 들어오게 된다.

우리도 고객이 나에게 오는 길대로 단계별로 파이프라인을 깔아놓는 작업을 하자. 이 세일즈 파이프라인을 잘 설정해 놓고 광고나 콘텐츠를 통해 잘 유입시키기만 하면 강의 판매까지 이루어지게 된다. 이것을 나는 고객이 오는 길에 레드카펫을 깐다고 표현한다. 레드카펫의 단계별 모습은 아래 그림과 같다.

첫 번째 단계는 새로운 콘텐츠나 광고 등을 통해 사람들을 리드마그넷을 신청하는 랜딩페이지로 유입시킨다.

미리 돈에 대해 알았더라면 내 삶은 어떻게 달라졌을까?
일상생활에서 바로 적용하는 우리아이 경제교육

[무료소책자]
우리아이
부자되기 습관
만들기

[주의·선착순 한정 무료 배포중]
예고없이 무료제공이 중단 될 수 있습니다.
지금 바로 신청하세요.

나도 신청하기 →

이 랜딩페이지에서는 잠재고객에게 거부할 수 없는 가치 있는 리드마 그넷에 대한 정보를 남겨둔다. 그리고 잠재고객이 리드마그넷을 받기 위해 '신청하기' 버튼을 누르면 옵트인 페이지가 뜨도록 세팅한다.

이렇게 옵트인 페이지를 이용하여 받은 연락처는 후에 이메일 마케팅을 하거나 문자, 카카오톡 마케팅을 할 경우 사용할 수 있다. 좋은 리드마그넷을 준비해야 더 많은 잠재고객들의 정보를 얻을 수 있고 다음 단계로 안내할 수 있다.

이렇게 리드마그넷을 다운로드한 잠재고객들은 아직 우리의 강의를 구매할 준비가 되지 않았다. 그렇기 때문에 우리는 신뢰 쌓기 과정을 거쳐야 한다. 먼저 리드마그넷을 다운로드한 잠재고객들에게 '첫걸음을 떼는 데 성공했습니다.', '인스타그램을 빠르게 키우기 위한 비밀을 알게 되신 것을 축하합니다.' 같은 축하 인사를 하자. 그리고 리드마그넷에 많은 정보들이 담고 있지만 전체 솔루션이 아니라는 것을 알린다. 예를 들면 '하지만 인스타그램을 활용해서 수익화할 수 있는 여정은 이제부터 시작입니다.', '더 많은 것들을 배워야 합니다.'라고 이야기하는 것이다. 유용한 정보들을 이메일 시퀀스를 통해 제공하고 콘텐츠를 만들어서 올린 후 그 링크를 잠재고객들에게 공유하자. 그리고 다음 단계로 넘어가는 방법으로 당신의 유료 온라인 과정을 제시하는 것이다.

그러면 사람들은 세일즈페이지로 이동할 것이다. 세일즈페이지 구성과 카피라이팅에 따라 구매 여부가 결정되게 된다. 이 세일즈페이지를 위한 카피라이팅에 대한 안내는 'Part 4의 7, 무조건 팔리는 카피라이팅 비밀'에서 확인할 수 있으니 참고하도록 하자.

마지막은 결제 페이지이다. 이미 결제 페이지 링크를 눌렀다고 해서 모든 사람들이 구매하지 않는다. 당신도 장바구니에 담아두고 결제하지 않은 물건들이 있을 것이다. 사람들이 결제 완료를 할 때까지 긴장을 놓으면 안 된다. 그래서 결제 페이지에도 깔끔하면서도 매력적이게 당신의 코스를 구입하도록 안내해야 한다.

너무 많은 고민을 하지 않도록 간단하게 세팅하되 앞선 수강생들의 수강 후기, 성공사례를 한두 개 넣어두자. 한정된 기한 동안에만 판매한다고 안내하거나 얼리버드 할인을 세팅해서 런칭 초반 구입하는 사람들에게 할인을 해주는 것도 좋은 방법이다.

가격을 제시할 경우에도 가능하면 2~3가지 선택지를 주는 것이 좋다. 일시불 결제와 할부 결제로 결제 방식에 따라 가격의 차이를 두거나, 기본형 강의와 추가 보너스 강의나 책자 등을 제공하는 프리미엄 강의를 동시에 안내하는 것이다. 사람들은 이렇게 선택지가 있다면 살지 말지를 고민하지 않고 선택지 둘 중에 어떤 것을 살지를 고민하게 된다고 한다.

이렇게 결제 페이지까지 고객이 이탈하지 않고 도달할 수 있도록 치밀한 전략이 필요하다. 이 이야기는 절대 랜딩페이지나 세일즈페이지 디자인을 멋지게 하라는 이야기가 아니다. 사이트를 전문가에게 의뢰해서 멋지게 만들었지만 잠재고객들이 유입되지 않는 경우가 많다. 레드카펫을 아무리 예쁘고 질 좋은 것으로 깔았더라도 바닥이 울퉁불퉁하다면 그 길을 따라 걷고 싶지 않을 것이다. 디자인에 앞서서 잠재고객이 앞으로 나아가고 싶게 길을 세팅하는 것에 중점을 두자. 필요하다면 그 후에 디자인을 멋지게 하면 된다.

05

구독자를 모으는 리드마그넷과
옵트인(Opt-in) 페이지

우리는 잠재고객들과 관계를 지속하기 위해 고객에게 먼저 연락할 수 있는 이메일과 전화번호 같은 연락처를 받아야 한다. 하지만 고객의 입장에서는 광고 메일이나 광고 문자들을 받는 것은 매우 귀찮은 일이다. 사람들은 당신의 광고 이메일이나 홍보 문자를 원하지 않고 도움을 원한다. 그래서 고객 연락처 리스트를 구축하는 가장 좋은 방법은 잠재고객에게 도움이 되는 리드마그넷을 무료로 제공하면서 연락처를 받는 것이다.

여기서 중요한 것은 이 리드마그넷은 정말로 가치 있는 것이어야 한다는 점이다. 연락처를 남기고 받은 리드마그넷이 가치가 없다면 잠재고객들이 당신에게서 오는 이후의 이메일이나 문자들에 대해서 관심이 없을 것이다. 나도 강의 준비를 하면서 해외의 수많은 강사들의 리드마그넷을 신청해서 받아본다. 그렇지만 리드마그넷을 확인했을 때 그 정보가 별로라면 바로 구독 취소 버튼을 누른다.

리드마그넷은 우리가 강의하려는 주제에 관심이 있는 잠재고객들을 모으기 위해 무료로 제공하는 일종의 정보이다. 당신이 강의하려는 내용에 실제로 관심이 있고 따라서 미래의 언젠가 당신에게서 구매할 가능성이 큰 사람들을 모으는 중요한 방법인 것이다. 이 리드마그넷은 잠재고객 리스트를 모으는 것뿐만 아니라 서로 간에 신뢰를 만들고 권위를 구축하며 새로운 고객을 확보하는 것에도 도움이 된다.

고객 전환율이 높은 리드마그넷을 만들 때 중요한 포인트 3가지는 다음과 같다.

1. 잠재고객이 지금 직면한 문제를 해결해 주어야 한다.

그들이 필요로 하는 것들을 바로 해결해주자. 잠재고객들에게 '이렇게 좋은 자료를 무료로 나누어준다니 그럼 유료로 구매하는 것은 얼마나 도움이 될까?' 하는 생각이 들도록 가치 있는 자료를 리드마그넷으로 준비해야 한다. 당신이 가지고 있는 자료 중에 일부를 무료로 제공하자.

잠재고객들이 바라는 것을 제공하기 위해서는 그 사람들이 원하는 것을 알아야 한다. 고객 아바타와 주제에 대해 조사하는 과정을 통해 당신은 이것들을 이미 그것들을 파악하고 있을 것이다. 사람들이 원하는 것들 중 2~3가지에 대한 답이 되도록 리드마그넷을 만들어라.

2. 고객들이 더 알고 싶다고 느끼게 만들자.

리드마그넷의 최종적인 목표는 잠재고객 리스트를 확보해서 판매를 하는 것이다. 잠재고객들이 당신의 리드마그넷을 확인한 후 더 많은 것을 알고 싶다는 욕구가 생기지 않는다면 그저 무료 자료를 다운로드하고 그것이 끝일 것이다. 그렇기 때문에 리드마그넷은 그것을 받은 사람이 흥미를 느끼도록 만들어야 한다. 그렇다면 어떻게 더 알고 싶다는 마음이 들도록 만들 수 있을까? 당신이 주는 자료가 아주 유용하지만 불완전하면 된다.

잠재고객들이 원하는 해결책 중에 일부분만 주는 것이다. 해결책이 여러 단계가 있다면 1단계만 제공하자. 무료로 얻은 당신의 해결책이 도움이 된다고 느낀 사람들은 당신을 신뢰하고 더 많은 정보를 이어서 알고 싶어 하게 될 것이다.

3. 리드마그넷은 유료 상품 판매를 이끌어내야 한다.

잠재고객들이 당신을 신뢰하고 더 많은 정보를 알고 싶어 했을 때 세일즈페이지로 이동할 수 있도록 장치를 해두는 것이다. PDF 자료 안에 더 많은 정보를 얻을 수 있는 강의를 소개하거나 자료를 다운로드한 페이지에 링크를 바로 남겨두는 것도 좋다. 고객의 최종 구매까지 이끌어 냈다면 최고의 리드마그넷이라고 할 수 있다.

이번에는 온라인 강의 비즈니스 시 효과적인 리드마그넷의 유형에 대해 알아보자.

1. 가이드, 전자책, 치트시트, 블루프린트 등의 PDF

제일 많이 사용하는 리드마그넷이다. 만드는 방법도 쉽고 본인의 주제와 관련된 정보를 제공하는 데도 도움이 된다.

2. 미니 강의

미국에서 온라인 마케팅의 87%를 차지하는 것이 비디오를 이용한 리드마그넷이다. 지금 대중은 유튜브 등 영상에 익숙해져 있다. 라이브 웨비나 형식으로 미니 강의를 해도 좋고 에버그린 형식으로 영상을 찍어서 올려두는 방식도 좋다. 또는 몇 주 동안 짧은 코스를 준비하기도 한다. 사람들은 영상으로 얼굴을 보고 목소리를 들으면 더 많은 신뢰가 쌓인다.

3. 할인 제공

출처: 캔바

온라인 쇼핑몰을 보면 가입하면 첫 주문에 사용할 수 있는 할인 쿠폰을 제공하는 경우를 많이 볼 수 있다. '방학특강 할인', '생일 할인' 등 여러 이유로 다양한 할인 혜택을 제공하는 것도 좋은 방법이다.

4. 설문조사, 퀴즈

주제와 관련된 질문들에 답변을 작성하면 그것을 근거로 맞춤 정보를 찾아내서 이메일로 보내준다. 예를 들어서 '나에게 맞는 다이어트는?'이라는 주제로 퀴즈를 내는 것이다. 테스트 결과가 궁금한 사람들은 질문에 대한 답변을 하게 된다. 그리고 '나에게 맞는 다이어트' 확인 결과 확인을 위해 이메일을 요구하면 된다.

5. 무료 컨설팅서비스 또는 체험서비스

당신의 강의가 '블로그로 수익 내는 방법'이라고 했을 때 무료로 잠재 고객이 운영 중인 블로그를 방문해서 그 문제점을 진단해주겠다고 해보

자. 그러면 사람들은 궁금한 마음에 신청하게 된다. 이때 문제점을 알려준 후 맞춤 솔루션을 알려준다고 하면 구입할 가능성이 높다.

자산관리사에게 우리 부부의 자산을 어떻게 효율적으로 관리할 수 있을지 무료상담을 신청해서 받은 적이 있다. 이때 자산관리사는 우리 자산관리의 문제점을 지적해주고 그것을 보완할 금융상품들을 소개해주었다. 그중에는 이전에 만난 보험 설계사가 추천했던 상품도 있었는데 전에는 필요 없다고 거부했으나 자산관리사가 이게 있으면 좋겠다는 말 한마디에 바로 가입했다.

가능하면 여러 가지로 준비하는 것이 좋다. 잠재고객들이 관심을 가질 내용으로 전자책도 만들고 비디오도 찍자. 세일즈 깔때기에 많은 양을 넣을수록 아래쪽에 모이는 양이 많아진다.

06

광고를 하지 말고 캠페인을 하자

"그래도 받은 게 많은데 1~2개는 사줘야지."

어느 날 시댁에 가보니 못 보던 물건들이 가득했다. 몸에 좋은 게르마늄 제품들이라고 했다. 그 종류는 팔찌, 목걸이 같은 작은 물건부터 매트와 베개까지 한두 가지가 아니었다. 의아해서 물어보니 시할머니께서 홍보관에서 모두 구입하신 물건이라고 한다. 그렇다. 뉴스에 종종 나오는 '홍보관 사기'였다. 그런 곳에는 처음부터 왜 가셨냐고, 애초에 가질 말았어야 했다고 가족들이 이야기하자 그 사람들이 장사하려는 것을 알았지만 그래도 너무 좋았다고 하신다.

이런 홍보관이라는 곳은 그냥 물건을 전시해두고 사용해보는 공간이 아니다. 나이 많으신 분들의 놀이터나 마찬가지다. 그곳에 가면 젊은 청년들이 말동무도 되어주고, 노래도 불러주고, 안마도 해준다. 물건도 종종 보여주지만 안 사도 된다고 이야기하며 그냥 적적하실 텐데 매일 그냥 놀러 오시라고 한다. 뿐만 아니라 간식도 주고, 몇 시간 놀고 나서 집에 갈 때는 떡이며 미역, 라면 같은 것들도 가져가시라며 나누어준다. 상황이 이렇다 보니 어쩌다 한두 번 가던 것이 심심할 때마다 거의 매일 가게 된다. 매번 갈 때마다 잘 해주고, 간식도 먹고, 선물도 받다 보니 슬슬 할머니들 마음에 미안함이 생긴다. 이렇게 잘해주고 주는 것도 많은데 나도 뭔가 해줘야 할 것 같은 마음이다. 그럴 때쯤 홍보관 사람들은 건강보조식품, 이불, 게르마늄 제품들을 판매하기 시작한다. 그러면 아들 같고 손주 같은 사람들이고 그동안 잘해준 착한 사람이기 때문에 도와주고 싶은 마음이 들어서 물건들을 구매한다.

일명 '떴다방', '홍보방'으로도 불리는 이 홍보관은 저렴한 물건을 비싸게 판매하거나 가짜 건강보조식품을 판매하며 폭리를 취하는 사기단이다. 하지만 가만히 살펴보면 이들의 마케팅 방법이 다른 물건을 판매하는 방식과 크게 다르지 않다는 것을 알 수 있다.

우리가 마트에 가면 새로운 제품이 나왔다며 홍보하는 사람들을 쉽게 볼 수 있다. 우리 아이들은 마트에 가면 시식코너 들르는 것을 너무 즐거워 한다. 내가 물건을 고르는 사이 종종 아이들은 홍보하는 분들에게 가서 음식을 받아먹고 오기도 한다. 장보기로 계획한 제품이 아닌데 아이들이 맛있다며 두세 번씩 음식을 받아먹고 오면 구입하지 않고 그냥 가는 것이 미안한 마음이 든다. 그래서 아이들이 맛있다고 하는 것들은 대부분 구입하는 편이다.

"시식은 무료입니다. 마음껏 맛보세요."라고 외치며 사람들을 모은다. 무료 제품을 주면서 상품 설명을 하고 판매를 한다. 전형적인 세일즈 깔때기이다.

우리가 강의를 판매할 때도 비슷한 방법을 사용한다. 무료 디지털 제품으로 사람을 모으고 그 사람들에게 강의를 판매하는 것이 최종 목표이다. 사람들이 강의를 구입하도록 하게 하려면 홍보관의 사람들처럼 많은 것을 주어야 한다. 홍보관을 찾는 나이 많은 분들이 원하는 것을 지속적으로 무료로 받으면서 신뢰를 쌓았듯이 우리도 잠재고객들이 원하는 정보를 제공하고 해결책을 주자. 잠재고객들이 '무료 정보인데 이렇게 알차다니, 유료가 궁금해지는데?'라는 생각이 들 때까지 나누어주자. '이렇게 좋은 정보를 알고 있는 사람이니 이 사람을 믿고 배워봐야겠다.'라고 생각하도록 신뢰를 쌓자.

물론 당신이 판매하는 강의가 가짜거나 강의 내용에 비해서 터무니없는 강의료를 청구하는 강의가 되어서는 안 된다. 가치 있는 강의를 그에 맞는 가격으로 판매하는 것은 기본이다.

미라클 모닝 챌린지는 할 엘로드의 『미라클 모닝(Miracle Morning)』이 우리나라에서 인기를 끌면서 시작되었다. 하루를 시작하는 아침시간을 잘 활용해서 행복한 하루를 보내자는 취지로 많은 사람들이 아직도 자신만의 스타일로 아침루틴을 만들고 있다. 이 챌린지는 함께하는 사람들과 행복을 찾기 위해 이야기를 나누고 서로 힘을 주는 과정 자체가 좋다. 내가 만약 한국에 있었다면 아직까지도 챌린지를 진행하고 있었을 것이다.

내 강의를 들은 수강생 중에 '미라클 모닝 챌린지'를 진행하는 사람이 있다. 원래 그녀는 아침에 일어나는 것을 너무 힘들어하는 사람이었다. 하지만 우연한 기회로 『미라클 모닝』 책을 읽고 지금과는 다른 하루를 보내고 싶다는 생각에 아침 기상을 시작했다. 처음에는 일찍 잠들지 못해서 실패하는 경우가 많았지만 날짜가 지날수록 아침 기상이 어렵지 않았고 아침루틴도 만들어갈 수 있었다. 그렇게 성공할 수 있었던 기반에는 다른 사람들과 함께하는 챌린지가 있었다.

본인이 효과를 본 만큼 직접 미라클 모닝 챌린지를 운영하고 싶다고 나를 찾아왔다. 나는 그녀에게 내가 했던 여러 가지 방법을 알려주었다. 그리고 이메일 시퀀스를 활용해보라고 이야기했다. 그리고 그녀는 매주 한 번씩 잠재고객들에게 명언이 담긴 메일을 보낸다. 주로 출근하는 차 안에서 사람들은 이메일을 체크한다. 그때 그녀의 메일을 확인하는 것이다. 메일 안에는 잘 하고 있다고 격려하는 메시지, 할 수 있다는 응원 글,

성공을 위해서 좀 더 힘을 내라고 위로하는 메시지들이 명언과 함께 들어 있다. 그녀가 보내는 이메일의 오픈율은 매우 높다. 많은 사람들이 그녀의 주 1회 아침 메일 때문에 힘을 얻었다는 후기를 보내온다.

그녀는 주 1회 자동 발송되는 명언 이메일 시퀀스를 미리 세팅해두고 한 달에 한 번 '미라클 모닝 챌린지' 참가자를 모집하는 시기에만 모집 글을 추가한다. 그러면 평소에 그녀의 편지로 힘을 얻었던 사람들이 '이 사람이 진행하는 챌린지에 참여하면 더 기분 좋은 아침을 맞을 수 있을 것 같다'는 생각을 하며 신청한다. 매달 그녀가 모집하는 챌린지 인원은 빠르게 마감된다. 모두 그녀가 꾸준히 보내는 이메일을 통해 믿음을 주고 신뢰를 쌓은 결과이다.

이런 식으로 주기적으로 이메일을 보내는 마케팅을 하는 것으로 유명한 '고도원의 아침편지'가 있다. 2001년 8월 1일, 매일 아침 이메일로 인상적인 글귀에 의미 있는 짧은 단상을 덧붙여서 메일을 보내기 시작해서 현재는 385만 명 이상이 받아보고 있다. 현재는 다양한 독서 및 문화 행사, 명상 치유 센터를 운영하는 문화재단으로 발전했다.

대부분의 사람은 물건을 팔기 위해서 그 물건을 바로 소개하려 한다. 물론 우리가 물건을 판매하기 위해서는 당연히 그 물건에 대해서 설명을 해야 한다. 어떤 점이 좋은지 충분히 설명하고 이 물건의 가격은 얼마인지, 사용법은 어떤지 이야기해야 한다. 하지만 전혀 그 물건의 필요성을 못 느끼는 사람에게 갑자기 물건을 내밀면서 "이거 진짜 좋으니까 사세요."라고 이야기한다면 당연히 거부감을 느낄 것이다. 온라인에서도 마찬가지이다. 인터넷을 보다가 갑자기 광고가 뜨면 대부분 바로 광고 건너뛰기 버튼을 누른다.

내가 아는 지인이 나에게 물건을 소개시켜줘도 이게 나에게 맞는 제품인지 한 번 더 고민하고 구매한다. 그런데 하물며 전혀 모르는 사람이 추천한다고 바로 구입할 사람이 몇 명이나 있을까? 몇천 원 하는 물건도 필요를 느끼지 않으면 구입하지 않는다. 그런데 몇만 원, 몇십만 원이 되는 강의를 구입할 때는 더 많은 고민을 하지 않을까? 당신이 광고를 하지 말고 캠페인을 해야 하는 이유이다.

지금 바로 당신이 정한 주제와 연관되는 글을 시리즈로 만들어보자. 그리고 컨버트킷, 메일침프, 카자비 등 이메일 마케팅을 할 수 있는 사이트에 가입해서 매주 1회, 매달 1회 등 주기를 정해 이메일이 순차적으로 자동 발송될 수 있도록 세팅해두자. 매주 1회 발송을 한다고 할 경우 52개의 이메일을 초기에 세팅해 두면 1년 동안 따로 신경 쓰지 않아도 정기적으로 잠재고객들에게 이메일을 보낼 것이다.

이때는 '미라클 모닝 챌린지'에 대한 설명을 하지 않고 기분 좋은 아침을 만드는 글귀와 이야기를 담은 메일을 지속적으로 보내면서 사람들과 관계를 맺은 사례처럼 모두 강의 주제와 관련해서 정보를 주는 내용으로

만 준비하자. 온라인 강의 런칭을 앞두었을 때는 따로 메일을 추가해서 발송하면 된다. 급하게 생각하지 말자. 당신이 이메일 시퀀스에 강의에 대해서 이야기하는 순간 잠재고객들은 당신의 메일을 광고 메일이라고 생각하게 될 것이고 수신거부를 하거나 스팸 메일로 지정할 수도 있다.

'나는 나쁜 사람이 아니에요. 당신이 나에게서 사지 않더라도 나는 당신의 시간을 낭비하는 것이 아니라 가치를 전달하고 있어요. 내 메일은 계속 관심 있게 받아볼 만한 것들이랍니다.'라는 느낌을 주어 사람들이 이메일 구독을 취소하지 않게 하자. 그렇게 되면 그들은 지금은 아닐지라도 몇 달 후에 또는 몇 년 후에 구입하게 될 수도 있다.

물론 이렇게 했음에도 어떤 사람들은 내 이메일이 짜증난다고 구독해지를 할 수도 있다. 하지만 걱정할 필요 없다. 내가 필요한 잠재고객들은 나의 정보에 지속적으로 관심 있는 사람들이다. 어차피 이메일은 처음에 세팅해 놓으면 자동으로 발송되는 것이니 일일이 신경 쓰지 않아도 된다. 나에게 관심 있는 잠재고객들을 지속적으로 판매페이지로 연결시켜주고 있다는 것이 중요하다.

07

무조건 팔리는 카피라이팅 비밀

잘 만든 카피라이팅은 클릭을 부른다. 하루에도 엄청나게 많은 새로운 영상이 올라오는 유튜브에서 당신은 대부분 영상의 제목이나 썸네일을 보고 클릭을 하게 될 것이다. 그냥 지나치려던 광고 속 카피라이팅을 보고 클릭하고 또 구매로 이어진다. 이렇게 카피라이팅은 우리 강의를 알리고, 리드마그넷을 다운로드하게 만들고, 판매를 유도한다.

카피라이팅은 간결하면서도 브랜드 이미지를 연상시킬 수 있어야 하며 잠재고객들의 심리를 자극해야 한다. 같은 강의를 광고하더라도 어떤 문구를 사용하느냐에 따라 전환율은 크게 차이가 나게 되고 이는 당연히 수익에도 영향을 미친다.

영업 또는 세일즈라는 단어는 어딘가 부정적인 이미지를 가지고 있다. 현란한 말솜씨로 고객을 정신없게 만들어서 물건을 사라고 할 것만 같은 느낌이 든다. 그래서 우리가 강의를 판매하기 위해 광고를 하고 세일즈페이지를 만들려고 하면 스스로 부담감을 느끼게 된다.

하지만 제품을 판매한다는 것은 사실 파는 사람과 사는 사람 모두에게 좋은 행위이다. 고객의 입장에서 필요한 물건 또는 서비스를 구매할 수 있는 기회이고 파는 사람의 입장에서는 다른 사람에게 도움을 주고 돈을 받을 수 있는 기회인 것이다. 손님은 갑이고 판매자는 을인 상황이 아닌 동등한 입장에서 서로의 필요를 교환하는 것이라는 걸 잊지 말자.

온라인 강의 판매의 이점 중의 하나는 이 판매과정이 대면이 아닌 온라인으로 이루어진다는 것이다. 나는 사람에게 물건을 파는 것에 굉장히 부담을 느낀다. 예전에 은행에 다닐 때 한창 방카슈랑스(Bancassurance; 은행에서 보험을 판매하는 것) 관련 실적 압박이 있었다. 은행에서 보험을 판매하게 될 줄은 몰랐던 나에게 이런 실적압박은 퇴사를 결심한 이유 중의 하나였다.

이런 나에게 다행인 점은 온라인으로 강의를 판매한다는 것이다. 온라인 강의 및 상품을 직접 대면하는 것이 아닌 세일즈페이지로 판매를 하니 큰 부담이 없었다. 자동화를 모두 해두면 고객은 당신의 세일즈페이지에서 정보를 얻고 바로 구매하게 된다. 고객의 입장에서도 본인이 직접 설명을 보고 구매를 하기 때문에 직접 선택한다고 느껴서 오히려 만족도가 높다.

효과적으로 판매하기 위해서는 잘 쓴 카피가 결정적이다. 세일즈페이지 카피라이팅의 핵심은 설득하지 말고 매력 있게 보이면서 보상을 약속하라는 것이다. 고객의 입장에서 "내가 다른 강의가 아닌 당신의 강의를 사야 하는 이유가 무엇입니까?"라는 질문에 명확하게 이야기할 수 있어야 한다. 이 책에서는 잠재고객들이 방문했을 때 구매를 일으키는 세일즈페이지 카피라이팅의 9가지 요소를 소개한다.

1. 시선을 끄는 헤드라인(Hook)

첫 번째 문구가 세일즈페이지에서 제일 중요한 부분이다. 평균적으로 웹사이트를 방문한 사람들은 15초 이내로 웹사이트에 머물고 그들 중 대부분은 다시는 돌아오지 않는다. 그렇기 때문에 한 번에 고객의 눈을 사로잡는 문구를 헤드라인에 작성해놓아야 한다.

'야 너두 영어 할 수 있어.'라는 카피로 단숨에 영어회사 중 1위에 오른 회사가 있다. 바로 '야나두'이다. 이 카피라이팅을 사용하기 불과 몇 년 전만 하더라도 '영어가 안 되면 시원스쿨'에 밀려서 만년 2위에 머물러 있었다. 하지만 이 강력한 카피라이팅으로 순식간에 1위를 할 수 있었고 지금은 영어교육 외에도 피트니스 등 다양한 분야로 사업을 확장 중이다.

강력한 카피라이팅이 회사 이미지 및 매출에 큰 영향을 준 좋은 예라고 할 수 있다.

2. 문제 제기

그동안 사람들이 알고 있었던 것이 잘못된 정보나 잘못된 방법이었다는 것을 지적하자. 그러면 사람들은 다른 해결책이 있나 하는 생각이 들게 된다. 야나두의 광고를 보면 영어공부를 하는 사람이라면 공감될 만한 문제점들을 제기한다. "올해도 새해 목표가 또 영어회화야?" "며칠 하다가 흐지부지." "각 잡고 앉아서 힘들게 하지 말랬지?" "영어 절대 어렵게 하지 마." 이렇게 소비자들이 한 번쯤은 해보았던 방법들이 잘못되었다고 이야기한다.

3. 해결책이 있음을 이야기

사람들은 해결책을 원한다. 그러므로 당신에게 해결책이 있다고 말해라. 그렇다고 바로 강의를 직접적으로 제시하기보다는 관심을 내 쪽으로 바꾸는 것이 목표이다.

예: '애들 말 배우듯이 핵심문장에 단어만 바꿔가면서 반복하다 보면 입에서 저절로 영어가 툭. 나도 모르게 툭툭.'

어린아이들 말 배우듯이 영어를 배우는 것이 좋다고 이야기를 들은 사람들이 그런 영어를 어디서 배울 수 있는지 궁금해하게 만드는 것이다.

4. 제품 소개

이렇게 고객들의 관심이 그런 강의는 어떤 것이 있는지 궁금해할 시점에 당신의 강의를 소개한다. 내 강의가 왜 좋은지 이야기하고 왜 시작해야 하는지를 이야기해라.

예: 야나두 광고에서는 '언제까지 시작만 할래? 영어 공부를 시작하는 사람이 포기하지 않으면 포기하지 않고 영어를 할 수 있도록 도와준다.'

5. 배울 내용(커리큘럼) 소개

이 강의를 들으면 무엇을 배우거나 얻을 수 있는지 소개하자. 커리큘럼을 하나하나 짚어주며 단계별로 어떤 것들을 배우게 될지 알려주거나 실제 수업 예시를 보여줘도 좋다.

예: '기초강의는 몇 주 코스이고 이 기간에 기본 문장패턴을 익혀서 간단한 질문과 대답을 할 수 있게 됩니다. 수업은 이런이런 식으로 이루어집니다.'

수업 내용 외에도 회원들이 학습을 지속할 수 있도록 커뮤니티가 운영되고 있다거나 장학금 제도가 있다면 그것도 모두 혜택으로 소개해라.

6. 가격 혜택

고객이 구매와 함께 받게 될 혜택을 계속 나열했다면 이제 가격을 공개할 타이밍이다. 이 수업을 듣지 않을 경우 소비하게 될 예상 금액을 비교하며 내 코스의 가격 혜택을 안내하자.

예: '만약 나의 홈트 강의를 듣지 않고 피트니스센터를 가서 PT를 하면 한 달에 적어도 ○○만 원의 비용이 들어갈 것이다. 그런데 나와 함께하면 적은 금액으로 큰 효과를 볼 수 있다.'

7. 추가 보너스

사람들이 혜택과 가격을 듣고 '괜찮은데?'라고 생각할 때 보너스를 제공하자.

예: 얼리버드 할인 이벤트 '오늘 가입하면 30% 할인해드립니다. 내일부터는 정상 가격으로 다시 적용됩니다.'

별도의 PDF 자료를 만들어서 특별 추가 자료를 선물로 주겠다고 이야기하는 것도 좋다.

8. 클로징

마지막 부분에는 잠재고객들이 원하는 미래를 상상할 수 있도록 이야기하자. 반대로 이 코스가 아닌 다른 것을 선택할 경우 어떻게 될지 이야기하는 것도 좋다.

예: '지금 선택해서 하루 10분씩 영어 공부를 하지 않는다면 몇 달 후 새해에도 영어회화가 목표일 수 있다.'

9. 고객 후기

세일즈페이지 중간에 고객의 후기를 넣어주는 것은 잠재고객이 선택하는 것에 큰 도움을 준다. 미리 받아놓은 후기가 있다면 적극 활용하자.

첫 번째 문장부터 마지막까지 우리의 고객 아바타에게 일관성 있게 이야기해야 한다. 항상 고객 아바타가 겪는 문제, 도전하고 싶은 목표를 명확하게 파악해서 그들의 상황을 공감하고 그들에게 해결책을 제시하자. 그 해결책을 이용하면 그들이 어떻게 될지 미래를 상상해보게 한 후 지금 그 기회를 잡으라고 이야기하는 것이다.

항상 나는 강의를 판매할 때 내 강의가 듣는 사람들에게 확실하게 도움을 줄 것이라는 믿음을 가지고 있다. 그렇기 때문에 내가 몇 년 동안 많은 비용과 에너지를 들여서 알게 된 이 방법을 간절히 바라는 사람들만 강의를 신청하라고 이야기한다. 세일즈페이지는 그 정보의 가치를 아는 사람들에게 강의를 들을 기회를 주는 것이다. 효과적인 카피라이팅으로 올바른 사람들에게 강의를 판매할 수 있도록 하자.

PART 5

나는 부자 엄마가
되기로 했다

An INFOPRENEUR in AFRICA

01

나는 부자 엄마가 되기로 했다

올해 초 우연히 보게 된 로맨틱 코미디 영화 〈아이 필 프리티(I feel pretty)〉가 있다. 영화 속에서 주인공은 평소 외모 콤플렉스가 심한 르네이다. 그녀는 쾌활한 성격과 유머러스한 성격으로 충분한 매력이 있었지만 정작 본인은 자신감이 제로인 여성이다. 멋진 몸매를 갖기 위해 체육관에서 자전거를 타던 어느 날 그녀는 의욕이 앞선 나머지 자전거에서 떨어져 머리를 부딪치게 된다. 그런데 잠시 기절했다 깨어난 그녀는 본인이 멋진 몸매와 얼굴로 변했다고 생각한다. 실제로는 전혀 변한 것이 없지만 외모적으로 자신감이 넘치게 된 그녀의 삶의 태도는 그때부터 완전히 바뀐다. 그녀가 간절히 원했지만 도전조차 하지 못했던 일을 할 수 있게 되었을 뿐만 아니라 남자친구도 생겼다. 무엇보다도 그녀는 본인의 생각이 바뀌기만 했을 뿐인데 자신의 다른 모든 매력을 더욱 배가시켜서 주변 사람들이 르네를 바라보는 시선을 바꿨다.

우리는 스스로에게 낮은 점수를 주는 편이다. '내가 어떻게 해.', '그럼 그렇지 안 될 줄 알았어, 내가 무슨….' 같은 말을 하며 스스로를 깎아내린다. 당연히 할 수 없는 사람인 것처럼 본인을 폄하한다. 영화처럼 단지 외모적인 것뿐만 아니라 모든 면에서 남과 비교하고 다른 사람들이 가진 것을 부러워한다. 이 영화에서는 '내가 왜 못 해?', '당연히 나는 대접받을 자격이 있어.'라는 생각을 하는 것만으로도 사람이 얼마나 더 매력적으로 바뀌는지를 간접적으로 보여준다. 이런 자신감은 주변 환경에 의해서 사라지는 경우도 많은데 신기한 것은 본인이 강력하게 믿으면 주변에서도 그렇게 생각한다는 것이다.

아이들이 어려서 어린이집에 다닐 때 차량운행을 하지 않는 곳이라서 등하원을 직접 해줘야 했다. 아침에 일어나서 아이들 아침 준비, 등원 준비를 해서 등원 시간에 맞춰 운전해서 이동하려면 매일 아침마다 정신이 없었다. 대부분은 간단한 편한 일상복 차림에 로션만 바르고 집을 나섰다. 하지만 종종 기분이 우울할 때면 아무런 일정이 없는 날이더라도 화장을 하고 하이힐을 신고 등원을 시켰다. 마법처럼 하이힐에 발을 집어넣는 순간부터 기분이 좋아진다.

또각또각 하이힐 굽 소리를 내며 어린이집에 도착하면 아이들을 맞아주시는 선생님들부터 아이의 같은 반 친구 엄마들까지 다들 무슨 약속 있냐며 한마디씩 묻는다. 이렇게 차려입고 나가면 집에서 아이들만 보고 집안일만 하는 집순이에서 계획 있는 커리어우먼이 된 듯한 기분이 들었다. 누군가를 만나는 약속이 있는 것은 아니지만 집에 그냥 들어가서는 안 될 것 같은 기분이 되어 도서관이나 커피숍에 찾아간다. 이렇게 새로워진 기분으로 근처 커피숍에 간다. 커피숍에 간 김에 책도 읽고 이런저런 미래에 대한 계획도 세우게 된다. 전날 저녁 아이들에게 정리하라고 다그쳤던 모습을 반성하고 오늘 하원하면 더 자상하게 대해줘야겠다고 생각하기도 한다.

아이들과 함께 시간을 보낼 수 있는 것 자체를 행복으로 생각해야 한다고 하는 사람들이 있다. 물론 나도 아이들과 함께하는 시간들도 소중하지만 나만의 시간이 필요했다. 종종 이런 나를 이기적인 엄마라고 이야기하는 책들이 있다. 처음에는 그 책에서 말하는 것처럼 모든 것을 아이들에게 맞춰서 생활하려고 노력했다. '나는 모성애가 부족한 걸까? 왜 집에 아이랑 둘이 있는 시간이 답답하고 점점 힘들어질까?'하며 자책도 했었다. 하지만 생각해보니 나는 그런 사람이었다. 나는 가족이 소중한만큼 나 자신도 소중한 사람이었다. 나 자신을 인정하니까 다른 사람과 비교하면서 스스로를 괴롭힐 필요가 없었다. 나는 나 스스로를 행복하게 만들기로 마음먹었다. 행복한 기분을 만드는 것은 거창하지 않았다. 그저 안 하던 화장을 하거나 임신 전에 입었던 옷을 꺼내 입는 것만으로도 나를 소중하게 만드는 느낌이었다. 스스로 모든 방면에서 좋은 엄마가 되려고 참고 바꾸려고만 하지 않고 나를 인정하기로 했다.

전에 내가 진행했던 아침 루틴을 만들어 하루하루를 보람차게 만들자는 취지의 미라클 모닝 챌린지에는 정말 다양한 사람들이 매달 함께했다. 다 다른 직업을 가지고 있지만 모두 일상이 지루하게 느껴지고 답답한 일상에서의 변화를 찾고 싶어 했다. 나는 항상 챌린지 과정 첫 시간에는 항상 자기가 바라는 모습을 담은 자기암시 문장을 1~5개 정하는 것을 과제로 내주었다. 사람에 따라 "나는 내 분야 최고가 될 것이다." "부자가되자." "다 괜찮을 거야." "나는 뭐든 할 수 있어." 본인이 원하는 것을 내포한 다양한 문장을 정해온다. 그리고 다음 날부터 매일 아침 반복해서 그 문장을 큰소리로 세 번 이상 크게 외치는 하나의 루틴을 만든다. 별것 아닌 과정인데도 신기하게도 자기 암시 문장을 만들기로 한 순간부터 참가들의 일상은 바뀌기 시작한다. '내가 요즘 하고 싶은 것이 뭐지? 아침마다 외칠 만큼 내가 바라는 것은 뭘까?' 하고 생각하는 것이다.

그다음 날 과제는 독서, 명상, 운동 등 그동안 하고 싶었으나 시간이 없어서 못했던 일 중에 아침에 할 만한 것들을 정하는 것이다. 그렇다고 아침시간 내내 독서를 하는 것이 아니다. 30분 정도 아침에 여유가 있다면 그중 5~7분 정도 5~6페이지를 매일 읽는 것이 목표이다. 운동도 마찬가지이다. 안 하던 운동을 갑자기 한 시간씩 하는 것이 아니다. 유튜브만 검색해보아도 10분 내외로 할 수 있는 요가, 스트레칭, 유산소 등 다양한 영상이 많다. 그것도 번거롭다면 그냥 잠을 깨우는 신나는 음악을 틀어두고 막춤을 추어도 좋다. 아침에 움직여서 몸을 깨우는 것만으로도 삶에 활력을 준다.

여기서 중요한 것은 여유시간 전체를 하나의 일에만 사용하지 말라는 것이다. 이야기가 너무 재미있다고 책을 읽다가 운동하는 시간을 빼버리거나 운동을 오래 해서 힘들다고 명상을 하는 대신 멍하니 쉬는 것도 좋지 않다. 매일 아침 짧은 시간이지만 루틴으로 계속 진행해가다 보면 그동안 '내가 여유시간만 있다면…. 조금만 덜 피곤했다면….' 하며 핑계 대며 할 수 없었던 것들을 이루기 시작한다. 그 작은 성공들은 자신감을 가져온다.

미라클 모닝 챌린지를 오랫동안 함께한 A라는 여성이 있다. 그녀는 나의 챌린지에 함께하기 얼마 전에 여러 가지 상황 때문에 회사를 그만두고 나온 상태였다. 그런데 회사에 나가지 않으니 집에서 유튜브를 보거나 잠만 자면서 보내는 시간이 많아졌다. 눈을 뜨면 이미 낮 12시, 1시인 경우도 많았다. 상황이 이렇다 보니 구직활동도 하지 않고 있던 상태였다. 문제는 그녀가 모든 것에 대한 의욕이 사라졌다는 점이었다. 오죽하면 그녀가 정한 첫 자기암시 문장이 '정신 차리자'였을 정도이다. 그녀는 제대로 시간을 보내고 있지 않다는 생각에 점점 본인 스스로를 미워하고 있었다. 챌린지의 시작과 함께 아침에 눈을 뜨자마자 침대를 정리하는 것부터 차근차근 일상에서의 작은 성공을 만들기 시작했다. 힘들었지만 억지로 아침 미션을 하나씩 수행해나갔다. 그렇게 함께한 지 한 달 반쯤 후에 그녀는 재취업에 성공했고 더 나은 곳으로 이사를 했다.

나는 지식창업을 시작하면서 주변 사람들에게 "난 월 5,000만 원씩 벌 거야."라고 항상 이야기했다. 남편이 회사일로 힘들어할 때면, 등을 두드려주며 "너무 스트레스 받지 마. 내가 돈 벌어다 줄 거니까 조금만 기다려."라고도 이야기했다. 그때마다 남편을 비롯한 주변 사람들은 "잘되면 내조 잘할게." "잘나가도 우리 잊으면 안 돼."라며 장난으로 받아줬다. 아마 모두 속으로는 '집에서 아이들 육아만 하고 있는데 특별한 것이 있을까?', '일반적인 회사원의 연봉을 한 달에 벌겠다니 너무 꿈이 야무지네.'라고 생각했을지도 모른다. "너무 목표가 높은데 월 1,000만 원만 해도 되지 않겠어?"라고 이야기하는 사람도 있었다. 하지만 결국 지금의 나는 그 목표에 점점 다가가고 있다.

오래전 로버트 기요사키의 『부자 아빠 가난한 아빠』를 읽고 '나에게도 매일 조언해주는 부자 아빠가 있다면 좋았을 텐데.'라고 생각했다. 그런데 나는 이제 부자 아빠가 필요 없다. 나는 내가 아이들에게 부자 엄마가 되기로 했다. 그리고 이 꿈도 나는 곧 이룰 것이라고 믿는다.

02

엄마의 세상만큼 아이의 세상이 커진다

사랑이 가득한 우리 엄마

엄마는 뭐 하든지 해낼 수 있죠

수많은 꿈들이 가득했던

엄마의 이야기 들어보아요

엄마는 꿈꿨죠

아픈 사람 낫게 하는

멋진 의사가 되고 싶었죠

불빛 찬란한 무대 위

춤추고 노래하는

빛나는 영화배우 되고 싶었죠

라라라~~

멋진 엄마의 꿈

하지만 우리 엄마 되었죠

엄마, 엄마

고마워요

첫째의 어린이집 재롱잔치 무대를 바라보던 나는 생각지 못한 노래가 사에 카메라를 들고 있던 손이 떨리기 시작했다. 동시에 눈앞이 뿌옇게 변해서 무대가 잘 보이지도 않았다. 사실 이 노래를 인터넷에서 찾지 못해서 5년 전 무대 영상을 휴대폰에서 확인하며 일일이 적는 지금도 눈물을 흘리고 있다.

나는 공연 당일에도 어린 둘째를 안고 쫓아다니느라 공연에 제대로 집중하지 못하고 있었다. 7년 넘게 다니던 회사를 퇴사하고 아이 둘을 키우면서 내 삶은 어디로 가고 있는 것일까를 고민하고 누구 말마따나 군대 제대 날짜를 기다리는 것처럼 둘째의 어린이집 입소 날을 기다리며 하루

하루를 버티고 있던 중이었다.

아이를 갖기 전에는 힘들게 얻은 직장을 아이들 때문에 포기하고 그냥 육아 맘으로 지내는 사람들을 보면서 이해하지 못하겠다고 했던 적도 있었다. '나는 절대 그러지 않을 거야.'라고 다짐했지만 엄마의 삶을 살면서 온전히 나를 지키는 것은 쉽지 않았다. 첫째를 낳고 복직했을 때 나는 나의 삶을 지키려고 엄마의 삶을 포기하라고 이야기하고 있다는 것을 알았다. 엄마는 그동안 공부한 것들이 있는데 경력단절이 되어 결국 엄마와 비슷한 길을 겪을 것 같다는 생각에 나의 퇴직을 반기지 않으셨다. 하지만 안 그래도 5년 터울의 3남매를 키우시느라 오랫동안 육아를 한 엄마에게 그런 부탁을 한다는 것이 너무 죄송했다. 엄마도 이제 본인이 하고 싶은 일들을 하기 시작하셨던 찰나였다.

결국 나는 아이를 키우는 것은 우리 부부의 몫이라고 생각하고 회사를 퇴직했다. 육아를 하는 것은 힘든 날들의 연속이었다. 처음 해보는 일들에 정신이 없었다. 모유수유에 적응할 무렵 단계별 이유식을 준비해야 했고, 이제 기어다니면서 혼자 잘 놀게 되었구나 싶으면 순간적으로 위험한 곳에 올라가서 아무거나 만지는 통에 한시도 눈을 뗄 수 없었다. 하지만 신기하게도 엄마가 되면서 나의 세상은 더 넓어졌다. 엄마가 되기 전에는 이해하지 못했던 사람과 상황을 이해하게 되었다. 단순히 '엄마가 되면 엄마를 이해하게 된다'는 차원을 넘어서는 깨달음을 얻게 된다.

인생을 살면서 이렇게나 다른 사람의 눈으로 세상을 보려고 노력했던 적은 없었다. 엄마들은 아이가 하는 행동 하나하나에 무슨 의미가 있지는 않을까, 이 아이가 하고 싶은 말은 무얼까를 생각한다. 그 마음을 이해하고 싶어서 육아 서적을 읽고 선배 엄마들에게 질문을 한다. 나도 다르지 않았고 이러한 과정들을 겪으면서 생각의 폭이 많이 넓어졌다.

나는 이렇게 결혼하고 출산을 하면서 겪는 모든 경험들이 엄청난 내공들로 바뀐다고 생각한다. 실제로 나 스스로 불가능하다고 생각했던 것들이 가능해지기도 했다. 예를 들면 나는 어렸을 적부터 잠이 참 많았다. 한번 잠들면 잘 깨지도 않았다. 회사에 다니면서도 아침밥 대신 잠을 선택하는 사람이었다. 하지만 첫째가 태어난 날부터 잠을 제대로 자지 못하는 날들이 약 5~6년 정도 지속되었다. 너무 힘들었지만 그 시간들을 지나서 절대 할 수 없다고 했던 '아침형 인간'이 되었다. 아이가 낮잠을 자는 사이 또는 원에 가 있는 사이에 미리 생각해둔 일들을 모두 처리하기 위해서 쪼개서 시간을 효율적으로 활용하는 방법을 터득했다.

나처럼 나중에 영어에 스트레스를 받지 않도록 영어 노출 환경을 만들기도 하고 아이가 독서습관을 가졌으면 하는 마음에 책육아 방법을 익혀서 함께 읽는다. 엄마표 영어, 엄마표 한글, 엄마표 미술놀이 등 포털 사이트에 엄마표라고 치면 연관 단어들이 쭉 나온다. 내 아이를 위해 엄마가 공부하고 아이에게 알려주려는 사람들이 그만큼 많다. 이렇게 내 아이를 위해서 스스로 공부하고 아이를 가르치는 사이 엄마들은 일명 '고수'가 된다. 그저 학문적으로 아이들을 대상으로 수업을 만드는 사람들과 또 다른 능력들을 가지고 있다.

이렇게 익힌 여러 경험과 지식들은 다른 후배 엄마들에게 방법을 알려주는 콘텐츠가 된다. 블로그, 유튜브, 인스타그램 등에 아이들에게 하는 교육을 올리기도 하고 때에 따라선 강연을 다니면서 엄마들에게 알려주기도 한다. 다른 아이들과 비교해서 유난히 예민한 아이 때문에 더 힘든 육아를 하고 있던 엄마는 그 경험을 모아서 예민한 아이를 위한 육아법에 관한 책을 쓰기도 한다.

내 꿈을 위해서 또는 경제활동을 위해서 회사를 다니는 엄마들도 마찬가지이다. 엄마가 되면서 일보다 더 중요한 것을 놓치고 있는 것은 아닌지 고민의 연속이다. 아이가 아픈데도 휴가를 낼 수 없으면 주변 사람들에게 부탁을 해야 한다. 어쩌다 아이가 "엄마는 맨날 바쁘잖아.", "엄마 오늘은 회사 안가고 나랑 있어주면 안 돼?"라는 말을 할 때면 마음이 아프다. 그저 엄마가 열심히 일하는 모습을 보면 아이들도 엄마를 보면서 알아서 잘 자란다는 말로 위안을 삼는다.

우리는 아이들에게 "ㅇㅇ이는 꿈이 뭐야?"라는 질문을 종종 한다. 그리고 가끔은 아이들도 우리에게 "엄마(아빠)는 꿈이 뭐예요?"라고 묻는다. 나는 종종 나의 강의를 듣는 사람들에게 이런 상황에서 당신은 뭐라고 대답하는지를 묻는다. "엄마는 어른이라 이제 꿈이 없어." "엄마는 그냥 우리 가족 건강하고 행복한 게 꿈이야." 이런 대답을 하고 있다면 아이와 꿈 이야기를 이어가는 것이 힘들 것이다. 우리는 꿈은 크게 갖고 무엇이든 될 수 있다고 생각하라고 이야기한다. 하다가 어려움을 만나면 극복하려고 노력하고, 실패를 교훈 삼아 다시 도전하고 계속 공부하다 보면 이룰 수 있다고 희망을 준다. 하지만 정작 엄마 아빠는 꿈이 없다고 이야기한다.

그래서 나는 가족 전체가 꿈을 공유하는 것을 추천한다. '엄마는 이러이러한 꿈이 있어. 이 꿈을 위해서 요즘에는 이런 일들을 하고 있어. 그래서 엄마가 도움이 필요한데 이것 좀 도와줄 수 있겠니?' 하고 부탁하면 아이들은 이해하고 도와준다.

내 첫째 딸은 그리고 만드는 것을 좋아한다. 여행을 다녀온 뒤 사진들을 모아서 영상으로 만들기도 하고 둘째와 간단하게 스토리를 만들고 동영상을 찍어서 짧은 영화를 만들기도 한다. 어느 날 나는 심심하다고 투정부리는 첫째에게 내 SNS에 올릴 뉴스피드를 캔바로 디자인해달라고 부탁해보았다. 엄마를 돕는다는 뿌듯함과 새로운 것에 도전한다는 즐거움 자체로도 아이의 표정이 밝아진다. 그림 그리는 것이 좋아서 화가가 되고 싶다고 하던 아이는 한동안 아이패드로 디자인하는 시간이 휴대폰 게임하는 것보다도 즐겁다고 했다.

첫째가 여섯 살 재롱잔치 때 불렀던 노래 가사처럼 '멋진 꿈이 있었는데 엄마가 되었다'라는 결말은 원치 않는다. '엄마가 되었다'는 말이 '내 꿈을 포기한다.'라는 의미가 되어서는 안 된다. 그렇기 때문에 엄마는 더욱 꿈을 꾸고 그 꿈을 아이들과 나누어야 한다. 나의 세상을 작게 규정하면 내 아이의 세상도 작아질 수밖에 없다. 내 딸이 엄마가 될 때에는 지금과 또 달라질 것이라 믿는다. 노래 가사처럼 멋진 꿈이 있었는데 결국 엄마가 되었다는 말로 끝낼 수는 없다. 우리 가족은 아이와 함께 비전보드를 만들면서 꿈을 공유한다.

출판사와 계약을 맺고 계약금 입금을 확인한 뒤에 가족들에게 "엄마의 첫 번째 책이 12월에 출판될 거야."라고 이야기했다. 소식을 들은 아이들의 눈이 동그래진다. "엄마, 책 만들 수 있어요? 우와~ 엄마, 우리 책도 만들어주세요."

어쩌면 다음 책은 아이들과 내가 함께 만드는 책이 될지도 모르겠다.

03

언제까지 배우기만 할래?

　"넌 뭘 그렇게 맨날 배우는 걸 좋아하니?" 내가 요즘 준비하는 것이 있어서 시간이 없다고 이야기하니 친구가 나에게 한 이야기다. 내가 매번 무언가를 배우고 있었다고? 그 친구의 말을 듣고 생각해보니 맞는 것도 같다. 아이 두 명을 모두 어린이집에 보내기 시작하고 약 2년 동안 나는 매주 1회 독서토론 모임에 참여했고, 사회복지사 2급과 방과 후 교사 자격증을 땄고, 일주일에 한번 해금 수업을 받았다. 또 경매 수업을 듣고 매물 2개를 낙찰받기도 했고, 좀 더 많은 정보를 얻고자 금요일마다 ktx를 타고 부천까지 올라가서 유명 강사의 수업을 듣기도 했다. 틈틈이 학부모 교육이나 저자 특강 등도 잊지 않고 듣고 다녔다.

나는 스케줄이 꽉 차게 바쁘게 지내지 않으면 스스로 뒤처지는 것 같은 기분이 들어서 우울해지는 타입이다. 그래서 최대한 책을 읽고 무엇인가 배우려고 노력한다. 자격증에 도전하기도 하고 이것저것 일도 해본다. 하지만 문제는 그렇게 시간과 돈과 에너지를 쏟았음에도 특별히 인생이 변하지 않는다는 것이었다. '항상 무엇인가 하고 있다고 하는데 결과는 언제 나오는 거지? 그냥 바쁘게 무언가 하고 있다는 느낌으로 자기위안을 하고 있는 것인가?' 이런 생각이 들었다.

알고 보니 나는 인풋만 하고 아웃풋을 제대로 하지 않고 있었다. 인풋 (input)이란 뇌 안에 정보를 넣는, 즉 '입력'하는 것. 아웃풋(output)이란 뇌 안에 들어온 정보를 뇌 안에서 처리하여 바깥으로 '출력'하는 것을 가리킨다. 책 읽는 것은 좋아했지만 독서노트를 작성하거나 후기를 작성하지는 않았다. 책에 나온 내용들을 그대로 실행하는 것에도 적극적이지 않았다. 그저 책을 읽는 것 자체의 행동만 있었던 것이다. 그렇기 때문에 몇 달 전에 읽었던 책의 내용이 잘 기억나지 않는다. 의미 없이 시간과 돈을 낭비하고 있는 셈이다.

가바사와 시온은 『아웃풋 트레이닝』이란 그의 책에서 '인풋'만 하고 '아웃풋'을 하지 않으면 자기 성장을 할 수 없다고 말한다. 일과 학업에서 아무 성과도 얻을 수 없다는 것이다. 뇌의 기본적인 구조 자체가 지식을 인풋하면 그걸 꺼내는 아웃풋도 해야 하도록 되어 있기 때문이다. 실제로 지식을 아웃풋 하면 뇌가 그걸 중요한 정보로 파악하고 장기 기억으로 보존하여 현실에서 활용할 수 있게 된다. 이것이 뇌과학의 법칙이다. 그런데 대부분의 사람들이 인풋 중심으로만 배우고 일하고 있다.

처음 온라인 강의를 만들 때 내가 정한 주제에 대해서 몇 달 동안 연구를 했다. 국내의 서적들, 해외의 책들 그리고 해외의 강의들을 계속 들으면서 공부했다. 공부할수록 이 정보들을 한국화시켜서 코스로 만들면 정말 최고의 강의가 될 것 같았다. 머릿속이 온통 그 주제에 대한 정보들로 가득 찬 기분이었다. 그런데 정작 리드마그넷으로 쓸 소책자를 만들려고 했더니 머릿속의 정보들이 나오지 않았다. 너무 답답했다. 내가 몇 달 동안 연구하며 드디어 방법을 찾았다고 생각했는데 그 정보들이 손에 잡힐 듯하면서도 잡히지 않았다. 그때 나는 그저 내가 글을 쓸 줄 몰라서 그렇다고 생각했다. 하지만 나는 '다 아는 것 같은' 기분만 느끼는 상태였던 것이었다. 인풋만 하고 아웃풋을 안 하다 보니 정리되어 있는 것도 없고 기억에 정착된 것도 없었다.

강사들이 강의 중간에 꿀팁들을 알려준다. "이런 것까지 알려줘도 되나요? 소수만 아는 비법이라면서 왜 알려주나요?" 사람들이 물으면 강사들이 매번 하는 말이 있다. "이렇게 알려줘도 다들 안 하시잖아요. 이것 알려줘도 정작 시작하는 사람은 1% 정도일 걸요?"

고개를 끄덕이며, 중요 사항들을 놓칠 새라 열심히 노트 필기를 하면서 강의를 들어도 많은 사람들이 강의실 밖을 나서면서 대부분을 잊는다. 강의를 들을 당시에는 '다 안 것 같은' 기분이었지만 아웃풋을 하지 않음으로써 그 정보들은 사라지는 것이다. 그래서 '자기 성장'은 오직 아웃풋의 양에 비례한다.

나는 온라인강의로 수익화하는 방법을 알려준다. 처음 세팅을 잘해서 로봇이 움직이기 시작하면 경제적 자유와 다른 사람을 도왔다는 보람도 함께 얻을 수 있다. 수익을 낼 수 있기를 바라는 마음에 내가 힘겹게 알아낸 방법까지 모두 강의 중에 알려준다. 하지만 과정이 끝날 때 강의를 오픈하는 사람은 반도 채 되지 않는다. 리드마그넷을 만들어야 한다고 하면 그것을 만들기 위해 공부를 한다. SNS를 해야 한다고 하면 블로그 강의 인스타그램 강의를 듣는다. 온라인 강의를 런칭하라고 하면 아직 부족한 것 같다며 다시 본인 주제에 대해 공부를 한다. 그러면서 다른 강의들은 어떤지 또 수강을 한다. 다시 공부의 연속이다.

"강사님이 시작하라고 해서 해보려고 했는데, 이미 방문자가 많은 사람 글만 계속 상위 노출되고 저는 글을 올려도 몇 명 보지도 않아요. 네이버 블로그도 이제 한물갔어요. 효과가 별로 없어서 글 하나 쓰는데 시간이 많이 걸리는 블로그보다는 그냥 인스타그램을 해볼까 해요." 같이 SNS를 시작해도 두 달 후 어떤 사람은 수익을 내면서 다음 비즈니스로의 확장을 계획한다. 또 어떤 사람은 두 달 후에도 여러 가지 이유를 대며 제대로 시작하지 못한다. 그렇게 고민만 하다가 이번에는 인스타그램 관련 강의를 찾는다.

블로그 이용자가 예전보다 줄어든 것은 사실이다. 예전에는 90%가 네이버에서 검색을 했다면 이제는 유튜브 등 여러 다른 플랫폼에서 검색하는 인원이 많이 늘었다. 하지만 아직도 블로그는 우리나라에서 효과가 좋은 플랫폼이다. 지금도 블로그를 시작하고 불과 몇 달 만에 수익을 내는 사람들이 꾸준히 나온다. 왜 제대로 시작하지도 않고 다른 길을 찾는 걸까. 시작하는 것이 두려워서 계속 배우기만 하는 것이다. 실행하는 것에 비해 배우는 것은 쉽다. 무엇인가를 하고 있다는 느낌이 있고 특별히 실패를 걱정할 필요도 없다. 하지만 잊지 말자. 아웃풋이 없다면 변화도 없다.

게리 바이너척은 그의 책『크러싱 잇! SNS로 부자가 된 사람들』에서 이렇게 이야기했다. '우리는 모두 자신의 꿈을 달성할 수 있는 힘을 가지고 있다. 우리가 성공한 기업가 및 인플루언서가 되지 못할 이유는 없다. 당신도 성공한 기업가 및 인플루언서가 될 수 있다. 마음만 먹으면!'

"책을 왜 읽으세요?" 책쓰기 과정에 참여한 참가자 한 명이 평생 책을 엄청나게 읽었다고 이야기하자 강의자가 한 말이다. 책을 왜 읽냐니. 대부분은 책을 읽는 행위만으로도 대단하다는 말을 듣는다. 전에 활동하던 독서 모임에서는 1일 한 권 읽는 것이 목표라고 하는 사람도 있었다. 대부분의 사람들은 책을 많이 읽는 것만으로도 많은 성장을 할 수 있을 것이라고 생각한다. 그런데 책을 왜 읽냐고 묻다니 함께한 참가자 모두가 놀랐다.

"그래서 책을 읽고 인생이 바뀌었나요? 지금 원하던 삶을 살고 있나요?" 다시 묻자 다들 뜨끔한 표정들이다. 그래도 일정 부분 도움이 되지 않았을까? 다들 막연하게 도움이 되었을 것이라고 생각하다가 정곡이 찔린 듯하다. 다들 아무 말도 하지 못하자, 인생이 바뀌지 않은 이유로 아웃풋 없이 읽기만 했기 때문이라고 한다.

조선 근대 공학의 기반을 마련하는 데 큰 기여를 한 정약용은 '뜻도 의미도 모르면서 책을 읽는다면 독서를 한다고 할 수 없다'고 했다. 다독보다는 책을 깊이 있게 탐구하며 읽어야 한다고 한 것이다. 평생 500여 권의 책을 쓴 그는 한자가 생긴 이래 가장 많은 책을 저술한 인물로도 알려져 있다. 유배생활을 하며 아들들에게 쓴 편지들을 살펴보면 일생을 글을 읽고 쓰기를 하라고 강조한다.

인풋만 해서는 현실적으로 아무런 변화도 일어나지 않는다. 변화를 원한다면 아웃풋을 하도록 해보자. 좋은 책을 하나 고른 뒤 하루에 한 챕터씩 읽고 그 내용에 대한 생각과 적용할 점 등을 블로그에 적어보자. 강의를 듣고 있다면 그날의 강의에 대해서 요약하고 적용해서 블로그에 또는 유튜브에 올려보자. 책을 100권 읽어도 아웃풋을 하지 않으면 현실 세계는 조금도 달라지지 않는다.

언제까지 배우기만 할 건가? 지금까지 충분히 배웠다. 이제는 실행할 단계다!

04

성공은 나 자신에게 달려 있다

'시작부터 훌륭할 필요는 없지만, 훌륭해지기 위해선 시작해야 한다.' 미국의 작가인 지그 지글러(Zig Ziglar)가 한 말이다. 온라인 비즈니스에서 성공하는 사람은 뛰어나지만 늦은 사람보다 미흡하지만 빠르게 시작해서 마무리하는 사람이다.

내 강의를 듣는 많은 사람들은 "잠재고객들이 나를 찾을 수 있게 하루라도 빨리 SNS에 콘텐츠를 만들어서 올려야겠어요."라고 이야기한다. 그리고 또 이야기한다. "유튜브 안 그래도 시작해야겠다 마음먹었는데." "인스타그램 시작하려고 했어요." 필요성을 느꼈고 시작해야겠다고 마음먹었다면 제발 그냥 시작해라.

"동영상을 찍는 게 어색하고 편집하는 방법을 모르겠어요." "인스타그램을 막상 하려니까 복잡해서 엄두를 못 내고 있어요." 이런 말은 하지 말자. 인간은 본래 게으르기 때문에 '나중에 해야지, 어려운 점을 극복하고 해야지.' 하고 생각하면 좀처럼 실행에 옮기지 못한다.

물론 작심삼일 의지박약인 나도 항상 미루고 싶은 마음을 가지고 있다. 좋은 아이디어를 가지고 있었지만 나의 그런 미루는 생활습관 때문에 성공할 수 있는 기회를 놓친 적도 많았다. 그래서 나는 성공하고 싶은 일이 생기면 그것을 이룰 수 있도록 장치를 해둔다. 무슨 일을 할 때 단계별로 완성할 기일을 정하고 그때까지 하지 않으면 안 되는 이유를 만들어두는 것이다. 그 성공하고 싶은 일이 엄청난 것이든 사소한 것이든 상관없다. 성공을 하려면 중간에 포기하고 싶은 마음이 들지 않고 끝까지 마무리할 수 있도록 장치를 만들어두는 것이 중요하다.

예를 들면 나는 이 책을 2021년 안에 출판하는 것을 목표로 잡았다. 올해 7월, 지인이 책 쓰기를 추천해주었다. 사실 처음 책을 한번 써보라는 이야기를 듣고는 내가 할 수 없는 일이라고 생각했었다. 나는 책 읽는 것은 좋아하지만 글 쓰는 것은 매우 어려워한다. 블로그에 글을 하나 쓰려면 4~5시간은 기본으로 걸렸다. 페이지가 좀 되는 전자책에 도전했다가 포기한 전력도 있었다. 지인은 그래도 남들이 모르는 여러 가지 전략들도 알고 있고, 강의도 하고 있고, 이미 성공한 경험도 있으니 그 이야기를 그냥 풀어서 쓰면 충분할 것이라며 용기를 북돋아주었다. 결국 많은 도움을 주겠다는 그의 말을 믿고 책을 써보기로 마음먹었다.

그리고 두 달 뒤 나는 여전히 하얀 페이지를 펴들고 어쩔 줄 몰라 하고 있었다. 몇 줄 썼다가 지우기를 반복하는 사이에 시간은 벌써 두 달이나 지난 것이다. 마음속 깊은 곳에서는 '그래, 내가 무슨 책이야. 하던 거나 잘하자.'라는 생각이 슬금슬금 올라왔다. 이러다가는 책을 쓰기로 한 내 목표가 사라질 것 같았다. 내게 장치가 필요한 순간이었다.

나는 마음을 먹고 〈한국책쓰기강사양성협회(한책협)〉에서 진행하는 책 쓰기 과정에 참여했다. 그 과정에서 책 쓰는 것에 대한 전반적인 코칭도 받고 동기들의 진도들을 바라보면서 자극도 받았다. 그렇게 쓰다 보니 다행히 출판계약도 바로 할 수 있었다. 계약 관련해서 굿위즈덤 출판사와 사전 통화를 할 때 나는 올해 안에 한 권 내는 것을 목표로 잡고 늦어도 11월 말까지 원고를 완성해서 넘기겠다고 선언했다. 글 쓰는 속도도 느리고 미루는 습관도 있지만 출판사와 계약을 하고 계약금까지 받았는데 완성 일자를 어길 수는 없었다. 아주 강력한 장치를 설치했고 이 장치는 실제로 효과를 발휘했다.

유튜브 영상 중에 '스터디위드미(Study with me)'라는 것이 있다. 말 그대로 함께 공부한다는 의미이다. 영상에는 특별한 것은 없다. 화면 속에는 책과 노트, 손, 시계 정도만 보인다. 그런데 그 영상 길이가 짧게는 2~3시간에서 20시간에 가까운 것도 있다. 소리 또한 책 넘기는 소리나 연필로 메모하는 소리가 나오는 경우도 있지만 대부분 영상 내내 비 내리는 소리, 모닥불 타는 소리 같은 백색소음이 흘러나온다. '몇 시간 동안 누군가가 공부하는 모습을 찍은 영상을 보는 사람이 있다고?'라고 생각할지도 모르겠다. 하지만 조회 수가 100만이 넘는 영상도 많다.

몇 년 전만 해도 같은 공부를 하는 사람들이 카페나 도서관 같은 곳에 모여서 함께 공부하는 스터디그룹이 많았다. 그런데 코로나19때문에 함께 모일 수 없게 되었고 그들은 각자 공부를 하게 되었다. 각자 집에서 공부하게 되니 점점 집중력이 흩어지고 학습 집중도가 떨어진다는 이야기들이 많이 나왔다. 그럴 때 사람들은 방법을 찾기 시작했고 줌(Zoom) 같은 온라인 공간에 모여서 함께 스터디하는 문화가 생겼다. 방법은 간단하다. 모두 카메라를 켜고 책과 손이 보이게 카메라를 설치한 후 각자 공부를 하는 것이다. 50분 학습 후 10분 휴식, 이런 식으로 시간을 나눠 놓고 운영하는 경우도 있고, 종종 하루 종일 진행하는 스터디 그룹의 경우에는 중간 식사 시간까지 포함해서 시간표를 짜두고 하루 종일 온라인에서 함께 공부하는 경우도 있다. 집에서 공부하다 보면 괜히 침대에 누워서 하고 싶고, 책상 서랍을 정리하고 싶다. 그런데 이렇게 다른 사람들과 온라인 스터디를 하면 옆에 사람이 있는 것처럼 집중해서 공부를 할 수 있어서 많은 수험생들에게 인기이다.

만약 당신이 나처럼 미루기 습관이 있다면 미룰 수 없는 장치를 세팅하는 것을 추천한다. 목표가 너무 거창하지 않아도 좋다. 예를 들어 아침 6시에 일어나는 것을 목표로 잡았다면 6시에 일어나야만 하는 장치를 설치하자. 내가 포기하지 않도록 하는 효과적인 방법은 돈을 거는 것이다. 가족들과 함께 살고 있다면 내가 아침에 일어나지 않을 경우 10만 원을 주겠다고 이야기하는 것이다. 만약 가족과 함께 살고 있지 않고, 가족에게 지불하는 방법은 그다지 효과가 있는 것 같지 않다고 생각된다면 챌린저스 같은 앱을 활용하는 것도 좋은 방법이다.

챌린저스는 최소 1만 원~최대 20만 원까지 금액을 걸고 1주 또는 2주간 챌린지에 참가할 수 있는 챌린지 앱이다. 그 챌린지 종류도 영양제 먹기, 명상하기, 영어회화 필사하기 등 다양하다. 아침 기상 챌린지도 시간대마다 다양하게 있는데 위와 같이 아침 6시 기상을 목표로 잡았다면 '6시 이전 기상 챌린지'에 참여하면 된다. 기상 확인 미션을 인증하는 사진을 매일 정해진 시간 내에 올려야지만 성공으로 인정해준다. 만약 일정 부분 이상 성공을 못 했을 경우 내가 건 금액은 사라진다. 그리고 그 돈은 100% 성공한 사람들에게 나누어서 원금과 함께 성공 상금으로 전달된다. 나도 하루 1리터 물 마시기, 하루 1만 보 걷기 챌린지에 참여했다. 확실히 내 돈이 걸려있는 챌린지를 하다 보니 의식적으로 물을 마시고, 걷게 되었다.

비슷한 방법으로 내가 진행하는 '6주 지식창업으로 수익 내기'처럼 다양한 커뮤니티 내에서 진행되는 챌린지에 참여해보자. 블로그나 인스타그램을 꾸준히 올리고 싶은데 자꾸 미루게 된다면 블로그 1일 1포스팅, 인스타 1일 1포스팅 같은 챌린지를 찾아서 참가하면 된다. 운영하는 사람에 따라서 방법은 다르겠지만 대부분 매일 정해진 시간 안에 새로운 포스팅 글 제목과 포스팅 시간이 같이 확인되도록 찍어서 챌린지 참여자들에게 공유하는 방식이다.

나는 이 책에 온라인 강의를 시작해서 수익을 내는 전반적인 방법을 써두었다. 이 책을 읽고 '나도 온라인 강의를 시작해봐야겠다.'라고 마음을 먹었다면 지금 바로 장치를 세팅하고 시작하자. 강의 런칭 날짜를 정하고 이 일에 집중할 수 있는 시간을 따로 준비해서 조금씩 진행하면 된다. 만약에 혼자 하는 것이 힘들다면 내가 운영하는 '보스랩'의 챌린지 과정에 참여하는 것도 좋은 방법이다. 분량상 이 책에 미처 담지 못한 여러 가지 비밀 팁들과 단계별 세팅 방법 등의 설명을 들을 수 있을 뿐만 아니라 강의 런칭을 목표로 열심히 준비하는 다른 사람들과 교류할 수 있는 기회도 생긴다.

"게으름은 단지 나태하고 할 일을 하지 않고 모든 것을 귀찮아하며 낮밤 잠만 자고 꼼짝도 하지 않는, 몸이 게으른 것을 떠올리는데 진짜 게으름은 핑계와 변명으로 변화를 싫어하는 마음의 병이다. 변화를 두려워하고 새로운 것 도전에 실패하는 것이 두려워 익숙한 자기 세계에 안주하는 것이다."

우연히 인터넷에서 보고 게으름에 대해서 다시 한번 생각해보게 되어서 따로 적어두었던 구절이다. 항상 바쁘게 움직이는 것 같지만 핑계와 변명으로 자기 위안을 삼으며 현실에 안주하려고 하는 나에게 하는 말 같았다. 성공을 원한다면 새로운 습관을 만들자. 그 습관은 시스템이 만든다. 내가 새로운 것에 도전하기 위한 시스템을 구축하자. 성공은 당신 자신에게 달려 있다.

'게으른 행동에 대해 하늘이 주는 벌은 2가지이다. 하나는 자신의 실패이고, 또 다른 하나는 내가 하지 않은 일을 해낸 옆 사람의 성공이다.'

– 쥘 르나르(Jules Renard, 프랑스 작가)

05

선언하면 이루어진다

'끌어당김의 법칙'이라는 말을 한 번쯤은 들어본 적이 있을 것이다. 이 말이 유명해진 배경에는 론다 번(Rhonda Byrne)의 『시크릿(The Secret)』 이라는 책이 있다. '간절히 원하면 온 우주가 나서서 그것을 이루게 도와 준다.'라는 말로도 유명한 책이다. 이 책을 읽은 많은 사람들이 본인이 바라는 것들을 간절히 원했다. 반면 또 많은 사람들이 간절히 원했지만 이루어지지 않았다며 책을 비판하기도 한다. "대기업에 들어가게 해달라고 정말 간절히 빌었는데 이루어지지 않았어요.", "연봉 1억이 되게 해달라고 빌었는데 아직도 그대로예요." 등등 이런 이야기를 하며 이 책은 가짜 이고 사기라고 말한다.

『파리에서 도시락을 파는 여자』라는 책을 쓴 파리에서 성공한 여성 사업가 켈리 최는 이 『시크릿』을 60번 읽고 실천해서 10억의 빚을 진 사람에서 1,000억 자산가가 되었다고 이야기한다. 그녀뿐만이 아니라 인문학으로 유명한 이지성 작가도 『꿈꾸는 다락방』을 통해 상상을 현실로 만든 많은 사람들에 대해 이야기하고 본인도 그중의 한 명이라고 했다.

'끌어당김의 법칙'이 통한 사람들과 그렇지 못한 사람들의 차이는 무엇일까? 단순히 더 간절히 원하지 않은 것일까? 눈에 보이듯이 생생하게 상상해야 하는데 그렇지 못했던 것일까? 나는 그것이 이유가 아니라고 생각한다. 어느 누구든 더 건강하고 더 풍요로운 삶을 살고 싶어 할 것이다. 단순히 바람의 간절함 정도가 문제가 아니다. 본인의 현실과 무관하게 무작정 '나는 잘될 거야.'라는 자기 최면을 거는 것에만 집중하고 있다는 점이 문제이다.

'과거를 돌아보며 지난날의 어려움에 집중하면, 지금 자신에게 어려움이 더 많이 찾아오게 될 뿐이다. 어떤 일이 있었던지 다 놓아버려라. 자신을 위해 놓아버려라. 지난 일에 대해 누군가를 탓하거나 앙심을 품으면 스스로 다칠 뿐이다. 당신에게 어울리는 삶을 창조할 이는 오직 당신 자신밖에 없다. 원하는 것에 의도적으로 집중하고 좋은 감정을 발산하면, 끌어당김의 법칙이 그에 응답할 것이다. 당신은 그저 시작하기만 하면 된다. 그러면 마법이 일어날 것이다.'

이렇게 시크릿 책 안에 작가는 마법이 일어나려면 '간절히 원해라'라는 말과 함께 끌어당김의 법칙이 작동해서 원하는 것이 나타날 것이고, 그러면 그때 그저 시작하면 된다고 명시했다.

많은 사람들이 원하는 것에 집중하면 끌어당김의 법칙이 응답할 것이라는 부분에만 집중한다. 그들이 놓치고 있는 중요한 부분은 바로 뒷부분이다. '시작해야 한다'는 것이다. 그냥 상상하고 원하기만 하면 이루어지는 것이 아니라 최종적으로 행동해야 한다는 것이다.

어려서부터 가수의 꿈을 가진 사람이 있었다. 지방에서 살던 그는 단돈 20만 원을 들고 서울로 올라와 친구들과 반지하 생활을 하면서 끊임없이 가수가 된 모습을 간절히 꿈꿨다. 하지만 그의 가수를 향한 꿈은 이루어지지 않았다. 8년간 무명시절을 보내며 점점 희망이 사라지는 것을 느끼는 것이 제일 힘들었다고 한다. "밥을 굶는 것은 괜찮았다. 희망만 부서지지 않으면 그 신기루를 먹으면서 살아갈 수 있었다."라고 그는 후에 인터뷰에서 이야기했다. 하지만 32세 때 희망이 재가 되어버렸다. 모든 것이 끝났다고 생각하고 마지막으로 보컬트레이너 학원을 해보려던 그때 한 예능 프로가 그에게 연락을 했고 처음에는 거절했다. 하지만 이 프로에 나가면 학원 홍보에 도움이 될 수도 있겠다는 생각이 갑자기 들었고 최종적으로 출연을 결정했다. 그렇게 〈너의 목소리가 보여〉라는 프로에 나갔고 그 프로가 방영된 이후에 엄청나게 유명한 가수가 되었다.

그의 이름은 '황치열'이다. 그가 만약 가수가 되고 싶다는 꿈을 간절히 바라기만 했다면 시간이 더 걸렸을지도 모른다. 하지만 그는 끌어당김의 법칙에 의해 다가온 기회를 붙잡았고 방송 출연을 하는 '행동'을 함으로써 그의 꿈을 현실로 만들었다.

나는 돈을 많이 벌고 싶었다. 특히나 집에서 어린 아이들을 돌보면서 돈도 벌 수 있는 일을 하고 싶었다. 꿈을 구체적으로 꾸라는 말에 처음 나의 꿈은 '월 500만 원 벌게 해주세요. 수영장이 있는 집에 살고 싶어요. 집안일을 도와주는 사람이 있었으면 좋겠어요.' 같은 글을 그 당시 플래너 제일 앞장에 적어두었다. 그냥 적어두고 강하게 이뤄지기를 바라기만 한 것이 아니다. '월 500만 원을 벌려면 무슨 일을 해야 할까?' 계속 생각했다. 그렇게 떠오르는 것들을 적고 하나씩 할 수 있을 것 같은 것들을 찾아서 배우기 시작했다.

그리고 얼마 전 나는 우연히 몇 년 전 내가 가졌던 꿈이 대부분 이루어져 있다는 것을 알게 되었다. 나는 한동안 내 카카오톡 프로필 사진이 수영장이 있는 집 사진이었을 정도로 수영장이 있는 집에 사는 것을 꿈꿨다. 지금은 아프리카에서 지내고 있는 상황이라 조금 다르다고 할 수 있지만 그래도 현재 야외 수영장이 있는 집에서 살고 있으니 그 꿈이 이루어진 것이었다. 내가 바라던 수영장이 있는 집에서 2년 가까이 살고 있었는데 이 행복을 모르고 있었다니. 우연히 깨달은 그날부터 지금 살고 있는 집이 새롭게 보이고 내 삶이 더 멋지게 보였다.

'Fake it until you make it'이라는 말이 있다. '성공할 때까지 그런 척 해라.' 정도로 해석할 수 있겠다. 종종 본인의 능력이 되지 않는 비싼 차를 타고 명품만 두르고 다니는 사람들이 있다. 하지만 저 말은 본인의 분수에 맞지 않는 소비를 하라는 의미는 아니다. 내가 이루고 싶은 것들이 있다면 그것을 이룰 수 있다고 생각하는 것이 필요하다는 의미에 가깝다. 내가 생각하고 있는 성공한 이미지를 그리고 자신감을 가지라는 것이다.

앞서 한번 언급한 영화 〈아이 필 프리티〉속의 르네처럼 본인이 이미 바라는 모습이 되었다고 생각하자. 그 생각만으로도 행동 하나하나에 자신감이 생긴다. 나 스스로 '내 외모로는 누구에게도 사랑받을 수 없을 거야'라고 생각하는 사람과 '나처럼 멋진 여자를 싫어할 사람은 아무도 없을 거야.'라고 생각하는 사람은 뿜어내는 에너지가 달라진다.

'나는 행복해지고 싶어.'라고 생각한다면 본인의 기분이 조금이라도 좋아지는 행동을 하자. 나처럼 화장을 하고 하이힐을 신고 외출을 한다든지, 혼자 코인 노래방을 가는 것이다. 행복 회로가 돌아가고 삶을 긍정적으로 받아들이기 시작할 때 '끌어당김의 법칙'은 작동되고 인생은 변한다.

본인이 바라는 일들이 더 빠르게 확실하게 이루어지게 만드는 마법이 있다. 바로 다른 사람에게 선언하는 것이다. 처음 내 꿈들은 내 다이어리 속에만 들어 있었다. 현실과 다른 꿈을 꾸는 것을 안다면 나를 이상만 높은 허황된 사람이라고 생각할 것 같았다. '그래, 어디 한번 해봐.'라는 눈빛을 보낼 것 같았다. 내 다이어리 속에 적어두면 내가 이루지 못하더라도 나 혼자 아쉬워하면 그만이었다.

하지만 꿈은 밖으로 내보일수록 현실이 될 가능성이 높다. 내가 2021년 안에 책 출판하는 것을 목표로 잡았을 때, 이 꿈을 지인 몇 명에게 알렸다. 그리고 책 쓰기 강연을 들었다. 책 쓰는 것은 대부분 많은 시간이 걸리기 때문에 2021년 안에 출판은 어렵겠다는 의견이 대부분이었다. 하지만 운 좋게도 출판 계약이 빠르게 이루어졌다. 그리고 원고는 언제쯤 완성될지를 묻는 출판사 관련자분께 "11월 말이요."라고 선언했다. 내가 운영하는 블로그와 인스타그램에도 "12월에 제 책이 나와요."라고 알렸다.

이미 원고 쓰기를 마친 것처럼 말을 했지만 사실 원고는 3분의 1도 완성되지 않은 상태였다. 글쓰기가 막힐 때면 '기간을 조금 늘려달라고 할까?' 하는 생각이 드는 것도 사실이었다. 하지만 이미 여기저기에 선언을 해두었으니 그럴 수 없었다. 아니 그러고 싶지 않았다. 내가 11월 말까지 원고를 쓸 수 있다고 마음을 먹으면 쓸 수 있을 것이라고 믿었다. 그리고 나는 그 선언을 지켰다.

나의 챌린지 강의에는 자신이 지식창업을 해서 이루고 싶은 것을 정확하게 정해서 적어보는 미션이 있다. 이 미션을 귀찮아서 그냥 건너뛰는 사람보다 자세하게 적는 사람들이 강의 런칭에 성공할 가능성이 많다. 언제까지 얼마를 벌고 싶은지 정하면 그 목표를 이루려면 얼마짜리 강의를 만들어서 몇 명에게 홍보를 해야 하는지 계산해볼 수도 있다.

　당신이 돈을 벌고 싶다고 생각했다면 선언하자. 유튜브로 성공하고 싶다면 '나는 1년 안에 1만 명의 구독자를 만들 것이다.'라고 선언해라. '내가 1년에 1만 명의 구독자를 만들기 위해 주 2회 영상을 올릴 것이다. 올리지 못하는 경우 50만 원을 주겠다.'라고 구체적으로 돈도 걸고 선언하면 더욱 효과가 좋다. 처음의 나처럼 본인만 볼 수 있는 일기장이나 플래너에 적어도 좋지만 가능하다면 내 선언을 지지해 줄 사람들에게 하는 것이 최고다. 그들에게 응원과 지지를 받으면 그 꿈이 이루어질 가능성이 높아진다. 반면 당신의 선언에 부정적인 말을 하는 사람들은 피해라.

"당신이 세상을 바꿀 수 없다고 말하는 사람은 두 종류다. 시도하기를 두려워하는 사람과 당신이 성공할까 봐 두려운 사람."
　– 레이 고포스(Ray Goforth)

　원하는 꿈을 선언하고 실행한다면 당신의 꿈은 머지않아 꼭 이루어질 것이다. 당신의 도전을 응원한다.

부록

6주 만에
수익내기 프로젝트
(단계별 가이드)

An INFOPRENEUR in AFRICA

Week 1. 아이디어 브레인스토밍

당신의 강의 주제를 찾는 데 도움을 주는 아래 질문에 대한 답변을 적어 보세요. 최대한 많은 답변을 적고 그중에서 당신이 하고 싶은 것 상위 3개를 골라 표시하세요.

Q1. 주변 사람들이 "너 이거 참 잘한다."라고 하는 일은 무엇입니까?

Q2. 과거에 다른 사람을 도와주었던 일은 무엇이 있습니까?

Q3. 다른 사람들보다 쉽게 하는 일에는 무엇이 있습니까?

Q4. 완전히 자유로운 한 달이 주어진다면 하고 싶은 일은 무엇입니까?

선택한 주제 3가지 수요가 있는지 조사합니다.

Q1. 온라인 서점에서 해당 분야 서적 판매 순위 5위까지 도서 조사(리뷰 확인)

Q2. 네이버 카페나 페이스북 그룹, 오픈톡방 등의 커뮤니티가 있는지 검색 후 활동

Q3. 유튜브에 해당 주제 영상이 확인 및 조회수 상위 5개 영상 조사 및 댓글 확인

Week 2. 아이디어 구체화

사람들이 관심을 갖는 점을 알아보기

■ 소셜 미디어에 사람들에게 본인의 주제에 대한 가장 큰 어려움이 무엇인지 물어보기

■ 그 주제와 관련된 가장 바라는 것, 꿈 또는 열망이 무엇인지 물어보기

■ 어떤 피드백을 받았는지 확인하고 기록하기

■ 친구와 가족에게 같은 질문하기

– 응답이 없으면 두 번째 아이디어로 넘어갑니다.

주제에 대해 깊이 알아보기

■ 주제 중 하나에 대해 사람들과 그들이 원하거나 도움이 필요한 것에 대해 2~3회 심도 있는 대화를 나누기

■ 그들이 이전에 시도한 것과 효과가 없었던 것을 찾아보기

■ 해당 주제에서 사람들이 원하는 성공이 무엇인지에 대한 명확한 그림을 얻기

– 이렇게 조사한 것은 기록해서 저장해두세요.

강의 유형 및 일정 결정하기

■ 무료 웨비나 / 저가형 강의 / 중가형 강의 /고가형 강의 중 어떤 강
   의를 런칭할 것인지 결정하기(Part 3 참고)

■ 강의 런칭 날짜 결정하기

콘텐츠 업로드 계획하기

■ 꾸준히 새 콘텐츠를 올릴 SNS 선택
   (ex: 네이버 블로그, 인스타그램, 유튜브, 핀터레스트, 팟캐스트 등)

■ 일주일 업로드 개수와 일정 정하기
   (ex: 블로그 주 3회: 월, 수, 금 / 유튜브 주 2회: 화, 금)

■ 콘텐츠 아이디어 목록 만들기

Week 3. 리드마그넷 구축

거부할 수 없는 무료 아이템 준비

■ 어떤 종류의 리드마그넷을 구축할 것인지 정하기

  (전자책, 치트시트, 가이드 같은 PDF/ 동영상 / 설문 등 4-05. 구독

  자를 모으는 리드마그넷과 옵트인 페이지 참고)

■ 사람들이 가장 어려워했던 부분을 해결할 비법을 담는다.

■ 지금 조치를 취할 수 있는 1~2가지에 중점을 둔 간단한 자료를 담

  는다.

SNS에 꾸준히 콘텐츠 업로드하기

■ 2주 차에 정한 일정대로 꾸준히 콘텐츠 업로드를 시작한다.

■ 일주일에 1회 10분 내외의 짧은 강의를 한다.

Week 4. 옵트인 페이지 설정

리드마그넷을 위한 간단한 한 페이지 웹사이트 구축

■ wordpress, Squarespace, Brizy Cloud 등을 이용해서 한 페이지의 웹사이트 만들기

■ Google form을 이용해서 간단하게 이용하는 것도 좋다.

■ 무료 자료가 담고 있는 혜택을 페이지에 명시하기

■ Mailchimp, Getresponse, Covertkit 등 이메일 관리 프로그램 가입하고 연결하기

Week 5. 유료 강의 아웃라인 잡기

유료강의 판매 방법과 일정 정하기
- ▣ 무료 웨비나, 인스타그램 라이브 강의, 유튜브 강의 등에서 판매 계획, 준비하기
- ▣ 강의 세일즈 페이지 만들기
- ▣ SNS와 메일로 무료 강의 / 유료 강의 일정 안내하기

Week 6. 강의 홍보 및 런칭

강의 홍보 마무리 및 강의 런칭하기
- ▣ 유료 강의 진행 방법에 따라 플랫폼 준비(Zoom 등록, 강의 플랫폼 구축 등)
- ▣ 홍보! 홍보! 홍보!
- ▣ 유료 강의 런칭